seriile de Autor
HUMANITAS

Lucian Boia, născut în Bucureşti la 1 februarie 1944, este profesor la Facultatea de Istorie a Universităţii din Bucureşti. Opera sa, întinsă şi variată, cuprinde numeroase titluri apărute în România şi în Franţa, precum şi traduceri în engleză, germană şi în alte limbi. Preocupat îndeosebi de istoria ideilor şi a imaginarului, s-a remarcat atât prin lucrări teoretice privitoare la istorie (*Jocul cu trecutul. Istoria între adevăr şi ficţiune*) şi la imaginar (*Pentru o istorie a imaginarului*), cât şi prin investigarea consecventă a unei largi game de mitologii (de la viaţa extraterestră şi sfârşitul lumii până la comunism, naţionalism şi democraţie). A adus, de asemenea, noi interpretări privitoare la istoria Occidentului, a Franţei şi a Germaniei. În 1997, lucrarea sa *Istorie şi mit în conştiinţa românească* a stârnit senzaţie şi a rămas de atunci un punct de reper în redefinirea istoriei naţionale.

Volume publicate la Humanitas:
Istorie şi mit în conştiinţa românească (1997, 2000, 2002, 2006, 2010, 2011)
Jocul cu trecutul. Istoria între adevăr şi ficţiune (1998, 2002, 2008)
Două secole de mitologie naţională (1999, 2005, 2011)
Mitologia ştiinţifică a comunismului (1999, 2005, 2011)
Sfârşitul lumii. O istorie fără sfârşit (1999, 2007)
Pentru o istorie a imaginarului (2000, 2006)
România, ţară de frontieră a Europei (2002, 2005, 2007)
Mitul democraţiei (2003)
Între înger şi fiară. Mitul omului diferit din Antichitate până în zilele noastre (2004, 2011)
Jules Verne. Paradoxurile unui mit (2005)
Omul şi clima. Teorii, scenarii, psihoze (2005)
Tinereţe fără bătrâneţe. Imaginarul longevităţii din Antichitate până astăzi (2006)
Occidentul. O interpretare istorică (2007)
Napoleon III cel neiubit (2008)
„Germanofilii". Elita intelectuală românească în anii Primului Război Mondial (2009, 2010)
Franţa, hegemonie sau declin? (2010)
Tragedia Germaniei: 1914–1945 (2010)
Capcanele istoriei. Elita intelectuală românească între 1930 şi 1950 (2011)

LUCIAN BOIA

DOUĂ SECOLE DE MITOLOGIE NAȚIONALĂ

HUMANITAS
BUCUREȘTI

Redactor: Horia Gănescu
Coperta: Ioana Nedelcu
Tehnoredactor: Luminiţa Simionescu
Corector: Elena Stuparu

Tipărit la Proeditură şi Tipografie

Descrierea CIP a Bibliotecii Naţionale a României
BOIA, LUCIAN
Două secole de mitologie naţională / Lucian Boia. – Bucureşti:
Humanitas, 2012
ISBN 978-973-50-3535-8
323.1(498)"18/19"
342.1(498)"18/19"

EDITURA HUMANITAS
Piaţa Presei Libere 1, 013701 Bucureşti, România
tel. 021 408 83 50, fax 021 408 83 51
www.humanitas.ro

Comenzi online: www.libhumanitas.ro
Comenzi prin e-mail: vanzari@libhumanitas.ro
Comenzi telefonice: 021 311 23 30 / 0372 189 509

Cuvânt înainte

Națiunea este unul dintre marile mituri ale epocii moderne. Alături de ideea progresului și de multiplele ei derivate: revoluția, democrația, comunismul... Sunt credințe care au pus lumea în mișcare, religii ale vremurilor noi. Imaginarea solidarităților de tip național constituie poate trăsătura cea mai caracteristică a istoriei ultimelor două secole, a unui frământat sfârșit de mileniu. Începutul noului mileniu vine și cu această întrebare: și-a epuizat oare națiunea posibilitățile, și-a îndeplinit până la capăt misiunea istorică, sau mai are încă un rol de jucat, într-o lume în rapidă schimbare dar incapabilă deocamdată să-i pună ceva similar în loc?

Trebuia să mă opresc la un moment dat asupra națiunii, în panorama tot mai diversă a imaginarului și a miturilor pe care o completez de la o carte la alta. Unele incursiuni parțiale în terenul mitologiei naționale mi-au fost prilejuite de analiza reprezentărilor istorice românești (în *Istorie și mit în conștiința românească*) sau de punerea în discuție a condiției discursului istoric în genere (în *Jocul cu trecutul. Istoria între adevăr și ficțiune*). Națiunea și istoria întrețin raporturi privilegiate. A venit acum momentul sintezei.

N-am socotit necesar să fac operă de erudiție, reluând și rezumând o bibliografie imensă. Mărturisesc că mă preocupă mai mult mecanismul decât detaliile. Am încercat să întocmesc un model. Inevitabil am procedat la simplificări. Chiar dacă trimiterile la cazurile particulare sunt frecvente, lucrarea nu este consacrată națiunilor, ci națiunii. Nu mitologiilor naționale, ci mitologiei naționale. Imaginarului național i se suprapune, ca în orice privire asupra lucrurilor, imaginarul reconstrucției pe care o propunem. Dar nici o definiție, nici o teorie, nici o idee, nici un fel de înțelegere a lumii nu ar putea să existe în afara unui proces de abstractizare, de detașare până la un punct de lumea pe care vrem s-o reprezentăm și s-o explicăm. Altă cale nu există. Nu putem decât aproxima realitatea. Este limita oricărui demers intelectual; este însă și farmecul nesfârșitelor căutări. Nimeni nu are cum să dea soluții definitive. Putem doar spera să îmbogățim cu încă o imagine inepuizabilul caleidoscop al reprezentărilor noastre.

Rețete de fericire

Istoria omenirii reunește în fapt două istorii: istorii succesive, îmbinate, dar care nu se aseamănă. În cea dintâi oamenii au trăit strâns grupați în comunități restrânse. Chiar marile imperii, conglomerate monstruoase, nu făceau decât să acopere structuri de viață predominant locale. Timpul se scurgea încet, imperceptibil. Sentimentul era al unei lumi mereu aceeași, cel puțin în datele ei fundamentale. O lume organică, fără rupturi, fără invenții susceptibile să modifice radical datele existenței.

Apoi lucrurile încep să evolueze spre o lume deschisă, și să se miște din ce în ce mai repede. Aceasta este modernitatea. Proces intrat pe la mijlocul secolului al XVIII-lea într-o fază de accelerare, amplificată până astăzi, generație după generație. Structurile tradiționale s-au fisurat, apoi s-au năruit. Ce oare avea să le ia locul? Omenirea a intrat în era invențiilor. Față de lumea tradițională, *dată* (nu în sens absolut, dar oricum în sensul transmiterii aproape nealterate a fondului de civilizație de la o generație la alta), lumea modernă este *inventată*, inventată fără încetare.

O dată cu invențiile intrăm însă într-o logică nouă, dominată de neprevăzut. O idee este doar o idee. Cum are să funcționeze ea o dată prinsă în angrenajul social, nimeni nu poate prevedea cu adevărat. Construim fără încetare cea mai bună dintre lumi, cu riscul de a nimeri peste cea mai rea.

În fond, spre ce năzuim? Spre două mari țeluri: ființă fragilă, pândită de moarte, împresurată de neant, omul are nevoie mai presus de orice de *protecție* și de *speranță*. Toate alcătuirile umane, efective sau imaginare, își propun să rezolve cât mai eficient această dublă necesitate.

Cu siguranță că cele mai simple și mai funcționale soluții de apărare sunt cele oferite de formele elementare de coeziune socială, celulele alcătuitoare ale societăților primitive și, într-o măsură încă apreciabilă, ale lumii pretehnologice. Familia, tribul, clanul, comunitatea rurală — solidarități primare, apropiate — îl prind pe individ ca într-o carapace, limitându-i drastic libertatea, dar asigurându-l în fața neprevăzutului. Simplitatea și coerența raporturilor interumane se prelungesc în raporturi nu mai puțin simple și coerente cu lumea „cealaltă“. O lume transcendentă responsabilă de ordinea lumii materiale și de destinul omului. Un mecanism închis și perfect. Totul se leagă și totul are sens. Nimic nu rămâne în afara sistemului. Este lumea de care ne-am eliberat. Lumea pe care am pierdut-o.

Nimic nu rezistă la uzura timpului. Secol după secol, istoria a erodat sistematic structurile simple și închise de solidaritate, împingându-i pe oameni într-o lume din ce în ce mai mare și mai puțin coerentă. Un curs lent mai întâi, apoi intrat, o dată cu modernitatea, într-o fază de accelerare. Mașinăria socio-economică a ultimelor secole — industrii, comerț, căi ferate, migrații, urbanizare — a măcinat fără cruțare construcțiile tradiționale. Peste tot cercurile protectoare se estompează și se pierd în structuri tot mai largi și mai impersonale. Oamenii devin mai liberi dar și mai dezorientați. Erau obișnuiți să meargă pe un drum, unul singur, deja trasat, acum li se deschid în față o mulțime de drumuri potențiale. Trebuie să aleagă, trebuie să inventeze. Lumea veche era, preponderent, prinsă în datele naturale ale existenței (cu adăugiri și adaptări limitate, care nu afectau „ecosistemul"). Lumea nouă cuprinde, pe zi ce trece, o doză tot mai mare de artificialitate: este pe cale să devină o lume artificială.

Nici cerul nu se mai vede la fel de limpede din metropolele lumii moderne. Proiecțiile transcendente se diversifică și se complică pe măsura diversificării și complicării lumii. Declinul credințelor religioase tradiționale este incontestabil, însoțind declinul structurilor sociale tradiționale. Chiar acolo unde credința se păstrează, nu mai prezintă intensitatea de odinioară, naturalețea gesturilor cotidiene și acea firească întrepătrundere dintre viața de aici și cea de dincolo, care încărca lumea cu sens. În plus, fiecare tinde să creadă în felul lui; foarte mulți credincioși de astăzi ar fi fost considerați eretici potrivit normelor de acum câteva secole.

Și totuși, nu s-a întâmplat ceea ce anunțau raționaliștii (gândind mult prea rațional, adică deloc rezonabil), și anume dispariția apropiată a religiei, sub loviturile necruțătoare ale științei și libertății de gândire. Ceea ce s-a petrecut, în contextul refluxului credințelor tradiționale, dovedește, paradoxal, nu renunțarea omului la idealurile religioase, ci, dimpotrivă, esența fundamental religioasă, indestructibil religioasă, a spiritului uman. Mai întâi, chiar în zona cea mai afectată de consecințele revoluției științifice și tehnologice — spațiul occidental de civilizație — credința și practicile religioase se mențin la un nivel încă semnificativ. Restul însă — și acesta este punctul cel mai interesant — nu s-a pierdut, ci s-a reinvestit. Proiecte și concepte de factură laică, adesea chiar agresiv laice, au fost marcate cu pecetea sacralității. Știința, progresul, viitorul, „societatea de mâine“ au ajuns să fie divinizate, într-un spirit apropiat de al milenarismelor religioase medievale. Omul însuși s-a lăsat tentat de „autodivinizare“, în așteptarea transfigurării sale în „supraom“ sau „om nou“. Mai cu seamă ideologiile totalitare ale secolului din urmă au fost manifestări tipice de religiozitate militantă, fără Dumnezeu, dar cu promisiunea fermă a împlinirii omului în această lume. Pentru alții, cerul s-a populat cu extratereștri, așezați în locul sfinților. Și așa mai departe ...

Există în om ceva chiar mai adânc decât credința religioasă în sensul strict al termenului (ea însăși, sub forma diverselor ei manifestări, databile istoricește, un „derivat“ și nu un dat originar). Este setea de absolut, obsesia depășirii limitelor derizorii ale existenței și înălțării în transcendent. *Trebuie* să fie un scop mai înalt și viața *trebuie* să însemne mai mult decât apare la prima vedere. Neînsemnată altminteri, fiecare existență capătă sens prin raportarea la un sistem de valori de esență superioară. De aici decurg toate: religiile, știința, neîntreruptele căutări, aventura speciei umane.

Am pornit foarte de departe pentru a ajunge la punctul precis al discuției: intrarea pe scena istoriei a națiunilor.

Națiunea este un concept cu încărcătură masivă și simbolică, și aceasta deoarece s-a așezat la un moment dat în cadrele acelor structuri esențiale și perene ale spiritului uman la care tocmai m-am referit. Cariera ei începe atunci când vechile cercuri de sociabilitate nu mai fac față complexității noii faze istorice. *Ceva* trebuia să le ia locul, să li se suprapună, ceva nu gata făcut, ci *construit*, în stare să adune laolaltă și să sudeze segmente sociale disparate, dar chemate să funcționeze împreună. În măsura în care structurile tradiționale nu-și mai puteau îndeplini convenabil rolul de a-i reuni pe oameni într-un sistem coerent, alternativa la națiune ar fi fost anarhia generalizată. Aceeași funcție, de adunare și consolidare, a îndeplinit-o, desigur, și statul modern. Simplul mecanism instituțional nu ar fi fost însă de-ajuns. Era nevoie, mai presus de toate, de un sentiment, de o credință. Nimic durabil nu s-a construit vreodată numai prin forță. Națiunea este așadar prin excelență formula de solidaritate și de identitate proprie epocii moderne. Dar nu numai atât. A fost și una dintre principalele beneficiare ale transferului de sacralitate. Nu doar un concept sau un sistem socio-politic, ci, în egală măsură, o religie. O religie potrivit căreia umanitatea este alcătuită (prin voință divină sau dispunere naturală) din entități naționale, istoria are să se împlinească, în universalitatea ei, prin fiecare națiune în parte, iar individul, la rândul-i, nu se poate mântui decât în interiorul propriei națiuni, ca parte infimă a unui destin colectiv. Poate nici o altă invenție umană nu a cuprins atâta concentrare de sens ca națiunea.

Se explică ușor și manifestările de intoleranță. Adepții unor ideologii de factură cvasireligioasă nu au nici un motiv să fie îngăduitori cu cei care gândesc altfel. Nimic mai firesc decât să identifice adversari. Ei știu că au dreptate, adevărul fiind unul singur. Ei știu că ceilalți tulbură ordinea universală, mersul lucrurilor așa cum se cade el să fie. Ca și religiile tradiționale, religiile moderne (comunismul, naționalismul...) predică armonia și înfrățirea. Ele oferă rețete de fericire, imaginând spații ideale în care toți oamenii își vor afla cu siguranță rostul și desăvârșirea. Cu atât mai mult trebuie curmat ceea ce stă în calea fericirii. În numele marilor religii se și ucide. Cum altfel ar putea fi stârpită necredința?

Mai presus de orice...

Putem prinde-n vorbe toate câte ne-nconjoară? Trebuie mai curând să ne resemnăm cu ideea că definirea datelor realității se înscrie într-un joc fără sfârșit. Nu au cum să existe formule ultime și unanim acceptabile. Motivul este structural: vorbele pe care le folosim sunt de altă esență decât lumea pe care își propun să o reprezinte. Transpunem lumea potrivit unui cod, recompunând-o în altă dimensiune. Cuvintele sunt prea puține și prea abstracte față de inepuizabila bogăție a universului. Ordonând, simplificând și abstractizând, dăm lumii, firește, mai mult înțeles, dar aceasta nu mai este lumea adevărată, ci o imagine a ei. Cuvântul *națiune* — fiindcă națiunea este în discuție — nu poate acoperi, decât în urma unei convenții și cu toate simplificările și deformările de rigoare, o nesfârșită diversitate de manifestări. Chiar dacă am numi fiecare varietate națională cu un cuvânt specific — așa cum eschimoșii apelează la o mulțime de cuvinte pentru a denumi zăpada sub feluritele ei aspecte — nu am rezolva în nici un chip problema; am pierde ideea generală, fără a atinge mai îndeaproape substanța lucrurilor. Nu este cazul să disperăm, dar, atunci când vehiculăm idei, se cade să fim conștienți de limitele și constrângerile demersului;

cel puțin nu ne va mai uimi diversitatea și chiar nepotrivirea rezolvărilor propuse.

În fapt, complexității realului și condiției particulare a limbajului li se mai adaugă o complicație: aceea a unghiului de privire. Aprecierea oricărei probleme, chiar identificarea ei ca atare, depind de punctul de observație, care este mereu altul (în funcție de o multitudine de determinări, de la fondul cultural și ideologic al unei epoci sau civilizații până la traiectoria personală a fiecărui „interpret").

Ce este, așadar, națiunea? Brutală întrebare dacă ținem seama de tot ce am spus până acum. Națiunea este un cuvânt, un concept, care nu poartă în sine, în mod obiectiv, o semnificație gata făcută. Ceea ce înseamnă „națiune" depinde de alegerea noastră, de modul cum vrem să decupăm, să privim, să abstractizăm și să interpretăm o anume fază a evoluției istorice. Nu îmi propun așadar să deslușesc ce ar însemna națiunea în absolut, fiindcă nu există concepte absolute. Nu pot decât să schițez și să încerc a sintetiza interpretările actuale privitoare la națiune, dezvoltând pe marginea lor propria mea înțelegere.

Majoritatea autorilor occidentali (mă refer la ei fiindcă mai toate ideile vehiculate pornesc din Occident) care au supus analizei, în ultimele decenii, ideologia națională concură în a afirma *modernitatea* și *artificialitatea* fenomenului. Cristalizarea acestuia este plasată nu mai devreme de secolul al XVIII-lea, în partea ultimă îndeosebi a acestui secol, și exclusiv în Apusul Europei și în Statele Unite ale Americii, urmând extinderea procesului, după 1800, spre Europa Centrală și Răsăriteană, și generalizarea sa, într-o perioadă mai recentă, la scară mondială (urmare a dezmembrării structurilor coloniale). Puţini sunt cei care aduc naţiunea mai de departe: dintr-o fază timpurie a modernităţii, din Evul Mediu, eventual din Antichitate. În principiu, desigur, totul este permis. *Natio* este un cuvânt latinesc. Romanii defineau prin el ceea ce noi numim astăzi trib sau popor. Conceptele, încă o dată, îşi au partea lor de artificialitate şi de consens (relativ). Pentru cei mai mulţi dintre exegeţii săi naţiunea presupune astăzi o anume sumă de trăsături şi de valori, sau o anume dispunere a lor, pe care nu le întâlnim sau le întâlnim altfel structurate în epocile anterioare. În lipsa unei definiţii general acceptate, termenul tinde totuşi să se aşeze între anume limite, pe care nu le putem depăşi decât cu riscul de a sparge complet conceptul.

Una dintre primele concluzii priveşte caracterul voluntar, construit, artificial al naţiunii. Naţiunea este proiecţia în concret a unei ideologii. Este o *comunitate imaginată* (potrivit sintagmei care a făcut carieră, a britanicului Benedict Anderson). Antecedentele — spun unii autori — contează prea puţin sau chiar deloc. Nu o anumită istorie face naţiunea, ci naţiunea, o dată constituită, îşi inventează istoria care, aparent, ar fi întemeiat-o. Nu o anume limbă, împărtăşită, îi reuneşte pe oameni în naţiune, ci naţiunea, o dată constituită, elaborează o limbă standard pe care o impune tuturor membrilor săi. Nu căile de comunicaţie moderne fac naţiunea, ci naţiunea, o dată constituită, are grijă să-şi lege toate segmentele componente într-o reţea centralizată de căi de comunicaţie (funcţia, nu numai economică, dar şi naţională, a căilor ferate în secolul al XIX-lea). Şi aşa mai departe...

Trebuie spus că autorii recenți nu iubesc națiunea, și asta se vede. Prejudecăților naționale li se impută conflictele și actele de intoleranță ale ultimului secol. Mai ales în spațiul occidental națiunea pare a-și fi epuizat o bună parte din resurse și din prestigiu (cel puțin printre intelectuali, principalii făcători și desfăcători de concepte). Viitorul nu mai este al ei. Iar cine pierde viitorul riscă să piardă și trecutul. Națiunea apare ca o construcție artificială, oarecum curioasă, cu o carieră limitată în timp, și fiindcă cei care o supun acum investigațiilor nu mai cred în ea. Cu totul altfel judecau confrații lor acum un veac sau un veac și jumătate; aceia credeau cu tărie în națiune, și într-o istorie sortită să se împlinească tocmai prin națiuni. Pe când astăzi națiunii îi sunt retezate rădăcinile, pe atunci ele erau împinse până departe, în preistorie. Definind orice, ne definim și pe noi înșine, și realizăm astfel sinteze secunde, în care realitatea este impregnată de atitudinile noastre față de ea.

O soluție de compromis a fost propusă de britanicul Anthony D. Smith, într-o lucrare, cu titlu grăitor, privitoare la *originea etnică a națiunilor* (*The Ethnic Origins of Nations*, 1986). Punctul de plecare al demonstrației sale l-a constituit relativa concordanță, gradul semnificativ de suprapunere dintre etnii (sau spații lingvistice) și națiuni. Națiunile s-au constituit în jurul unor nuclee etnice, și chiar dacă ele au ajuns să reprezinte altceva, originea lor se prelungește în Evul Mediu și până în Antichitate. Sunt de altfel o serie de elemente pe care etniile le împărtășesc, într-o măsură variabilă, cu națiunile moderne: mituri fondatoare, amintiri istorice, valori culturale, o anume limbă, un teritoriu sau un nume. Se explică astfel mai bine excepționalul atașament de care a beneficiat națiunea; multe dintre trăsăturile și simbolurile ei au fost simțite ca autentice, fiindcă veneau de departe, transmise de la o generație la alta.

Dată fiind complexitatea realităților și nu mai puțin a raporturilor noastre cu ele, interpretările sunt în mod firesc divergente, fără ca unele să fie neapărat adevărate și altele neadevărate. Națiunea poate fi ceva cu totul nou, înglobând totodată o sumă de elemente preexistente. Sub acest aspect nu există contradicție decât dacă vrem să existe. Vom încerca să o soluționăm.

Ceea ce caracterizează națiunea este sensul ei totalizant. Avem de-a face cu o națiune atunci când nimic nu se mai află în concurență cu ea și cu atât mai puțin deasupra ei. Este un principiu suprem. Evident că nu avea cum să se manifeste în lumea de dinainte de 1750 sau de 1800, așezată pe alte valori. Franța poate oferi în această privință un model interesant. Cazul său este mai net decât oricare altul, prin conturarea, cu multe secole în urmă, a cadrului teritorial și politic în care se va afirma la un moment dat națiunea franceză. Franța există, dacă nu de la Clovis (rege al francilor, nu al Franței), într-o primă schiță de la destrămarea Imperiului Carolingian, prin tratatul de la Verdun, în anul 843, și cu siguranță din jurul anului 1000, odată cu instaurarea dinastiei capețiene. De atunci până astăzi se perpetuează aceeași Franță, între granițe clar desenate de la început, care vor cunoaște doar o anume extindere spre Est. Cu un an înainte de tratatul de la Verdun, la 842, este redactat și primul text cunoscut în limba franceză, încă departe de franceza de astăzi, dar deja desprinsă de latină (Jurământul de la Strasbourg).

Teritoriu, stat, limbă, ceva mai târziu acțiunea centralizatoare a regilor, Franței nu-i lipseau defel multe din ingredientele națiunii. Cadrul era gata pregătit, dar a trebuit să aștepte aproape un mileniu pentru ca națiunea să-și intre în drepturi. Până în veacul al XVIII-lea, nimic nu a promovat-o și totul i se opunea. Orizontul principal al oamenilor era, ca pretutindeni, cel al solidarităților locale. Turla fiecărei biserici, și nu catedrala Notre-Dame. Țara era un conglomerat de provincii, și așa a rămas până la Revoluția din 1789; centralizarea practicată de regi a atenuat, fără a anula însă, structurile regionale. Revoluția își va face un titlu de glorie abolindu-le și înlocuindu-le cu sistemul administrativ al departamentelor dirijate de la centru. Ceea ce îi unea pe locuitorii Franței era *monarhia*. Regele, nu națiunea, era sursa autorității și simbolul suprem. Nu numai că Franța nu era o națiune, dar apărea împărțită în ceea ce am putea numi „națiuni" concurente: nobilimea și starea a treia. O teorie care a avut viață lungă îi făcea pe nobili să descindă din războinicii franci, cuceritori ai Galiei, în timp ce oamenii de rând ar fi fost descendenți ai autohtonilor galo-romani. Revoluția le-a apărut acestora din urmă ca o revanșă împotriva celor care îi dominaseră mai bine de un mileniu. Nici limba franceză — dacă vrem să erijăm limba în argument prim al națiunii — nu era vorbită de toată lumea; în vremea Revoluției, cam jumătate din populația Franței nu vorbea franțuzește, exprimându-se fie în varietăți dialectale ale francezei (normandă, picardă...), fie în alte limbi: provensală, bretonă, dialecte germane (Alsacia) sau italiene (Corsica)... (Este drept, cealaltă jumătate vorbea! Atunci când invocăm rădăcinile etnice ale națiunii, depinde cum privim lucrurile.)

Fragmentării interioare — sesizabilă atât în datele reale ale societății franceze, cât și în reprezentările sociale, așadar în imaginarul politic — îi corespundea, dimpotrivă, o deschidere spre exterior, care nici ea nu anticipa în vreun fel distinctele frontiere naționale. Nobilii francezi se simțeau cu siguranță mai apropiați de ceilalți aristocrați europeni decât de „compatrioții" lor țărani. Pentru intelectuali frontierele au apărut târziu (în bună măsură prin propria lor contribuție teoretică). Timp de secole a funcționat în Evul Mediu o „republică intelectuală", a cărei limbă de comunicare a fost latina. Începutul epocii moderne a multiplicat soluțiile lingvistice de comunicare, într-un spirit care nu avea nimic „național": latina, spaniola, germana, franceza, sau greaca în Orient (precum în Țările Române) au funcționat ca limbi „transnaționale" ale elitei, cu intensități și durată variabile de la o zonă la alta. Rareori nobilii sau intelectualii se exprimau în aceeași limbă cu oamenii de rând. Secolul al XVIII-lea a fost marele secol al limbii și culturii franceze. Elita europeană vorbea franțuzește într-o vreme când jumătate din populația Franței nu cunoștea această limbă! Frederic cel Mare, regele Prusiei, scria numai în franceză și își manifesta ostentativ disprețul față de limba germană. Nici Voltaire, prietenul său francez, nu se lăsa mai prejos în materie de cosmopolitism. El n-a pierdut ocazia de a-l felicita pe rege — desigur în franțuzește — pentru victoria obținută la

Rossbach în 1757 împotriva francezilor. Comportamente insolite din punctul nostru de vedere, chiar astăzi, când virtuțile ideologiei naționale s-au mai tocit.

Pentru ca națiunea să-și facă intrarea pe scena istoriei, trebuiau să dispară (în fapt sau în imaginar, mai ales în imaginar) barierele și compartimentările interne și să se traseze totodată linii clare, despărțitoare și deosebitoare, între diversele spații politico-culturale. Este ceea ce s-a întâmplat, sau a început să se întâmple, în secolul al XVIII-lea. Secolul acesta, cosmopolit prin excelență, a inventat și naționalismul. Încă o dovadă că istoria nu are un curs simplu, ci reprezintă o sinteză de evoluții contradictorii.

Voința de a fi

Două cărți spun de la început esențialul și anunță ce avea să se întâmple. Mai întâi *Contractul social* al lui Jean-Jacques Rousseau, apărut în 1762 și, un sfert de veac mai târziu, *Ideile asupra filozofiei istoriei omenirii* publicate de Johann Gottfried Herder între 1784 și 1791.

Suveranitatea aparține poporului, afirmă răspicat *Contractul social*. Nu există altă autoritate legitimă decât cea delegată de comunitatea cetățenilor. Se prăbușește, mai întâi în imaginar, în așteptarea Revoluției, întreg eșafodajul Vechiului Regim. Conglomeratul de stări, privilegii și structuri particulare lasă locul unei alcătuiri omogene, unui singur principiu diriguitor.

Omenirea — argumentează Herder — este alcătuită din popoare, fiecare cu caracterul său bine definit, cu spiritul său propriu, manifestat în limbă și cultură, cu destinul său în lume.

Și astfel, națiunile îi adună pe oameni și își împart lumea. Nimic nu se petrece în afara cadrului național. Prin voința lui Dumnezeu, prin porunca Naturii, sau prin decizia oamenilor: oricum, faptul în sine acesta este. Cu variantele respective, mai mult teoretice până la urmă: Rousseau anunță varianta contractuală, caracteristică filozofiei franceze în materie, Herder varianta culturală, etnică și lingvistică, preferată de teoreticienii germani. Cu alte cuvinte, te naști german, dar alegi să fii francez. Însă, fie prin naștere, fie prin opțiune, trebuie să aparții unei națiuni. Altceva nu mai există.

Ambițios proiect, menit să substituie sistemului complex de solidarități moștenite o singură mare solidaritate. Cum să aduni laolaltă oameni pe care mai nimic nu-i leagă? Ei nu se cunosc între ei și, exceptând valorile naționale care li se recomandă, au interese, preocupări și credințe de tot felul. Fără liantul național ar fi străini unii de alții. Acesta a fost până la urmă miracolul națiunii. A creat, nu din nimic, dar oricum din elemente disparate, o credință care s-a dovedit mai puternică decât oricare alta și care, chiar contestată și diminuată, își păstrează încă ceva din seducția ei originară. Acest succes uluitor al mitologiei naționale l-a îndemnat, după cum am văzut, pe Anthony Smith să lege, cu oarecare justificare, fenomenul național modern de evoluțiile anterioare, îndeosebi de substratul etnic: o manieră de a explica adeziunea oamenilor la un principiu altminteri abstract.

Fapt este că declinul, în realitate și poate încă și mai mult în imaginar, al structurilor și valorilor tradiționale nu putea să nu genereze o nouă formulă de coeziune. Mai complexă și mai simplă în același timp. Societățile moderne sunt atât de complexe, încât pentru a funcționa sau pur și simplu pentru a supraviețui au nevoie de un principiu împărtășit de unitate, de un consens care să anuleze sau cel puțin să țină în frâu mulțimea contradicțiilor. Putem defini națiunea drept *o comunitate complexă dar simplificată și omogenizată în imaginar, investită cu un înalt grad de coerență și cu un destin specific care o delimitează și o deosebesc de celelalte comunități similare.*

Națiunea este o mare solidaritate. Ea presupune o singură condiție obligatorie: voința de a fi. Limba, religia, teritoriul, istoria, structurile economice nu pun, fiecare în parte, vreo condiție obligatorie. Națiunea se poate face — dacă o anumită elită o dorește la un moment dat, și știe să fie suficient de convingătoare — și fără unul sau altul din factorii respectivi. Firește, nu pot să lipsească toți acești factori. Cum să imaginăm o națiune lipsită de orice liant? Dar lianții sunt diverși și amestecul lor mereu diferit. Universală este doar ideea în sine de națiune, de solidaritate a unei mari comunități.

Raportarea națiunii la etnie se justifică în numeroase cazuri, dat fiind că principalul liant (nu obligatoriu, însă foarte frecvent) al unei construcții naționale este o anume limbă. Nu vom complica lucrurile încercând să definim poporul sau etnia, categorii istorice înțelese ca precedând și susținând construcțiile naționale moderne. Termenul etnie este de altfel preferabil; cuvântul „popor“ spune atât de multe, este atât de vag, de politizat și de uzat încât nu se poate face nici o discuție serioasă utilizându-l. Cât despre etnie, ea poate oferi trăsături bine cristalizate în societățile primitive, acolo unde au identificat-o mai întâi antropologii (structură familială, economică, socială, limbă și cultură comune). Dar în faza istorică mai evoluată, premergătoare constituirii națiunilor, cu greu am putea găsi elemente deosebitoare, net definite, între etnii sau „popoare“ altele decât limba. Cu alte cuvinte, francezii sunt cei care vorbesc franțuzește și românii cei care vorbesc românește. În rest, nu există o manieră absolută — detectabilă științific — de a fi francez sau român, care să-i lege pe toți francezii sau pe toți românii între ei și să-i deosebească net de ceilalți. Nu există un tip de societate sau de relație cu Dumnezeu care să fie specific și exclusiv franțuzesc sau românesc. Deosebirile sunt sociale și de fază istorică, nu de esență etnică. Limba este, așadar, primul criteriu și unicul cu adevărat deosebitor. Dar și în acest caz, până-n faza națională, elita se exprima adesea în limbi altele decât limba „poporului". În plus, ce înseamnă, de pildă, a vorbi franțuzește? Este și nu este aceeași limbă cea vorbită în saloanele de la Versailles și cea vehiculată de țăranii francezi în diversele graiuri locale. Astăzi folosim limbi standard, unificate tocmai prin „voința națională". Națiunea nu le-a moștenit așa; a trebuit să le prelucreze pentru a face din ele expresia cea mai caracteristică a unui organism social omogenizat. Și de data aceasta adevărul are două fețe: națiunea își are obârșia (într-o măsură variabilă) în unitatea de limbă, dar și unitatea de limbă își are obârșia în națiune.

Cert este că limba se dovedește cel mai puternic dintre toți lianții utilizabili. Ce altceva poate reuni o masă de oameni care nu are multe alte trăsături în comun? Cazul german este tipic. Un spațiu fărâmițat politic, divizat și religios (între catolici și protestanți) începând din secolul al XVI-lea, și, în plus, prezentând, și în plan lingvistic, numeroase și foarte pronunțate forme dialectale. Vorbitorii unor dialecte distincte practic nu se înțeleg între ei. Limba literară germană, care datorează mult *Bibliei* traduse de Luther (în 1534), a unificat, în sens cultural, un spațiu extrem de fragmentat. Pentru germani, în momentul afirmării solidarităților de tip național, limba a devenit argumentul suprem. Ea singură îi unea pe germani. Limba, înțeleasă, firește, ca expresie a unei etnii distincte și purtătoare a unei culturi comune. Interpretarea germană a națiunii (în sens lingvistic, etnic, rasial) derivă logic dintr-o situație istorică specifică.

Și în constituirea națiunii franceze, limba și-a avut funcția ei, dar într-un proces diferit de cel german. Este o limbă care a cucerit treptat teren, pornind dintr-o zonă relativ restrânsă din jurul Parisului. Monarhia nu a urmărit cu tot dinadinsul francizarea Franței. Am văzut că în vremea Revoluției nu toți francezii vorbeau franțuzește. Alsacienii se exprimau într-un dialect german, și aici va fi un măr al discordiei între cele două națiuni vecine și rivale. Regii Franței au privit adesea spre Est, iar regimurile care s-au succedat o dată cu Revoluția, au vizat, perseverent, extinderea graniței franceze la Rin. Dreptul istoric invocat (așa se prezenta Galia în Antichitate, acestea erau frontierele naturale) trecea înaintea oricărei apartenențe etnice. Pe de altă parte Revoluția, pe urmele *Contractului social*, a așezat suveranitatea poporului mai presus de orice. Principiul națiunii era politic, nu lingvistic. Nu avea nimic de-a face cu sângele moștenit, ci cu sângele vărsat în comun. Oricine putea deveni francez, și această concepție — generoasă în sine —, ajutată de Revoluție și de războaiele napoleoniene, putea să întindă până departe Franța și națiunea franceză (la 1811, Franța ajunsese să numere 130 de departamente — față de 83 create de Revoluție — și cuprindea, în afara teritoriului ei actual, Belgia, Olanda, Renania și o parte din Italia). Criteriul teoretic de apartenență la națiunea franceză nu a fost așadar etnia sau limba, dar aceasta nu a împiedicat limba franceză să pună stăpânire pe teritoriul național. Nu oricine poate deveni german. Oricine poate deveni francez, dar cu condiția integrării sale în cultura franceză.

Franța a câștigat bătălia lingvistică. Alții nu au reușit. Modelul francez i-a tentat pe maghiari în a doua jumătate a secolului trecut. În mare, Ungaria regimului dualist austro-ungar (1867–1918) număra cam jumătate maghiari și cealaltă jumătate minoritari. Era însă, în mod oficial, o singură națiune, națiunea ungară, în care erau integrate diversele naționalități. Le-a lipsit maghiarilor și ponderea, față de ceilalți, și timpul, și forța Franței și a culturii franceze, după cum nici contextul, nici momentul istoric nu mai erau aceleași (naționalitățile împotrivindu-se maghiarizării, cu atuul suplimentar al unor state naționale susținătoare: România, Serbia). Ungaria a eșuat în a deveni o Franță, însă mecanismul în sine al reușitei ar fi fost același.

Sunt și situații când limba comună nu folosește la nimic sau când se face și se desface, ca limbă comună, după cum cer interesele politice. Printr-o lungă istorie, ca și prin limbă, austriecii nu ar fi mai puțin germani decât germanii. Ei nu mai sunt totuși germani, ci austrieci: așa a decis istoria, așa au decis ei înșiși. Basarabenii își spun acum moldoveni. Este dreptul lor să o facă; dacă vor, pot rămâne sau redeveni români, dacă nu vor, nu mai sunt. Limba poate ajuta, dar, evident, nu obligă. Sârbii și croații au descoperit pe la 1820 că vorbesc aceeași limbă: sârbo-croata (de fapt s-a procedat la o unificare lingvistică a unor varietăți dialectale). A fost punctul de plecare al unei potențiale națiuni iugoslave. Statul iugoslav o dată dezmembrat, limba urmează aceeași cale: sârba și croata sunt proclamate din nou limbi distincte.

Ca liant, religia poate fi uneori la fel de importantă sau chiar mai importantă decât limba. Nu există reguli. Germanii sunt protestanți și catolici; conflictele dintre aceste comunități care au însângerat Germania și chiar Europa (Războiul de treizeci de ani) sunt anterioare constituirii națiunii. Sârbii și croații însă, vorbind o limbă comună sau cel puțin considerată comună, au rămas separați prin religie (primii ortodocși, ceilalți catolici). Religia neînsemnând doar o chestiune de dogmă, ci un întreg complex de reprezentări și de repere culturale. Principala falie a continentului european este cea care separă Europa catolică și protestantă de Europa ortodoxă. Exact de-a lungul acestei linii s-a divizat Iugoslavia, cu circumstanța agravantă a intervenției celui de-al treilea factor: factorul islamic. Relativa unitate lingvistică nu a putut rezista unei întreite ofensive religioase (și, încă o dată, nu exclusiv religioase, ci unor disensiuni adânci de ordin cultural).

Marea Britanie prezintă alt caz interesant al unei limbi comune care nu reușește să mai fie liant național. Engleza a cucerit întreaga lume, lăsând mult în urmă franceza; dar franceza — ca factor de unitate — s-a descurcat mult mai bine la ea acasă decât engleza. Rezultatul divergent a două filozofii politice: una centralizatoare, cealaltă acceptând specificul și autonomiile locale. Cert este că insulele britanice cuprind astăzi patru spații naționale sau în curs de a se afirma ca atare: Anglia, Scoția, Țara Galilor, și, firește, Irlanda, care în cea mai mare parte a ei s-a desprins de ansamblu (un al cincilea spațiu, Irlanda de Nord, amestecă identități distincte și contradictorii). Și totuși, engleza, ca și franceza în Franța, s-a impus, cu secole în urmă, în întregul perimetru britanic, împingând spre periferie graiurile celtice. A supraviețuit însă conștiința identităților regionale, alimentate nu numai, dar și de distincțiile religioase: Anglia este anglicană, Irlanda catolică și Scoția calvină. Fenomenul recent este cel al „reînvierii“, voite, artificiale, a limbilor „originare“, solicitate, dacă nu să triumfe asupra englezei, cel puțin să confere nota identitară de rigoare. Când toată planeta se exprimă astăzi englezește, scoțienii, a căror limbă maternă este engleza, își propun să reactualizeze limba aproape uitată a strămoșilor lor îndepărtați!

Teritoriul comun pare o condiție de la sine înțeleasă. În fapt, nu este întru totul așa. În ciuda unei continuități nu numai teritoriale, dar și lingvistice, națiunile Americii Latine sunt distincte. Se întâmplă ca teritoriul comun să sudeze culturi diferite, dar încă și mai frecvent spațiul geografic nu poate nimic împotriva diversității culturale. Europa centrală și de sud-est oferă în acest sens un exemplu aproape perfect. Națiunile care s-au desprins din acest amalgam erau departe de a dispune de un teritoriu propriu exclusiv. Chiar acum, la capătul unui secol de relativă omogenizare, minoritățile, atașate cultural și sentimental unor națiuni concurente, sunt prezente pretutindeni, și uneori, în zone limitate, chiar ca majorități (maghiarii din sudul

Slovaciei sau din Covasna și Harghita, albanezii din Kosovo...). Această nepotrivire dintre structurile teritoriale și culturile naționale i-a determinat la începutul secolului pe socialiștii austrieci („austro-marxiștii“) să ia în considerare un proiect de autonomii naționale pe baze strict culturale, fără o dezmembrare de ordin politic greu de realizat și în multe privințe păgubitoare pentru toți. Soluția lor nu a prins, dar nu înseamnă că nu ar fi fost posibilă o confederare de națiuni, definite cultural și nu teritorial.

Cazul evreilor este încă mai special. Erau sau nu o națiune înaintea constituirii statului Israel? Nici vorbă de teritoriu, fie el și împărțit cu alții, ci doar o comunitate cultural-religioasă răspândită în întreaga lume. Nu numai teritoriul lipsea, dar nici limba vorbită nu era aceeași. Și totuși, această comunitate a creat la un moment dat un stat — sau a recreat statul antic al Israelului — și a reactualizat o limbă moartă — ebraica. Este una dintre cele mai pure manifestări ale națiunii. Națiunea ca voință, națiunea care nu este creată de limbă, teritoriu sau de alți factori „obiectivi“, ci se creează ea însăși pe sine.

Evoluțiile socio-economice nu pot fi, pe drept cuvânt, ocolite atunci când încercăm să definim determinările fenomenului național. Este greu să ne imaginăm națiunea fără burghezie, fără căi de comunicație moderne, fără activități economice în măsură de a „suda“ un teritoriu, fără mobilitate socială. Tocmai acești factori, în mare măsură, au spart îngrădirile tradiționale și i-au adunat pe oameni în spații mai ample și mai coerente. Nu este deloc nelegitimă, firește, o interpretare socio-economică a națiunii. Doctrina marxist-comunistă, îndeosebi prin tentativa lui

Stalin de a defini națiunea potrivit primatului acordat de Marx forțelor economice (*Marxismul și problema națională*, 1913), a instituit „piața economică unitară“ în criteriu obligatoriu al națiunii. Nu ar exista, cu alte cuvinte, națiune, fără un grad semnificativ de coeziune economică. Nu putem spune decât că acest criteriu este la fel de adevărat sau de neadevărat ca și criteriile precedente. Dacă se tinde spre formarea unei națiuni, modernitatea economică, forțele capitalismului, firește, ajută. Dacă nu, ele nu servesc la nimic. Forțele naționale și cele economice pot trage de altfel și în direcții complet opuse. Cazul Austro-Ungariei este cât se poate de edificator. Ca unitate economică a reprezentat o reușită. „Piața unitară“ a susținut până la capăt soluția austro-ungară, nu mișcările centrifugale ale micilor națiuni. Nu din motive economice a dispărut monarhia habsburgică, ci, pur și simplu, fiindcă cea mai mare parte dintre supușii ei nu au mai vrut-o. Nu a fost un imperativ al istoriei, ci o decizie voluntară.

Nu se poate da până la urmă un răspuns simplu la întrebarea dacă națiunile reprezintă ceva cu totul nou sau continuă și reelaborează structuri și valori deja existente. Răspunsuri simple în genere nu există, mai ales când vorbim despre oameni și despre istorie. Națiunea a folosit ce a avut la îndemână. Nu a ieșit din neant. Însă a prins elementele de solidaritate existente într-o structură care, calitativ, este cu totul nouă. Continuitatea și discontinuitatea nu se exclud, decât în prea săracul nostru limbaj, și în comoditatea interpretărilor istorice curente! Pe de altă parte, nu vom întâlni două națiuni care să se fi constituit riguros la fel. Fiecare a jucat în felul ei cu cărțile pe care i le oferea istoria. Remarcabil rămâne faptul că din îmbinarea atât de diferită a unor elemente constitutive foarte diverse (limbă, religie, teritoriu, tradiție istorică, factori socio-economici ...) au rezultat construcții, desigur nu identice, dar care au un aer de familie foarte accentuat. Dovadă că până la urmă nu atât materialul a contat, cât proiectul ideal.

Și încă o remarcă: fără a desconsidera ceea ce se află la originea națiunilor, să nu ne lăsăm înșelați de cum arată națiunile astăzi. Relativa coerență pe care o înfățișează este rezultatul acțiunii lor asupra lor înșile. Totul se prezintă astăzi mult mai net: și limba națională, și spațiul național, și structurile economice naționale, decât în momentul dintâi. Națiunea este un produs al istoriei. Națiunea este însă și propriul ei produs.

Istoria în sprijinul națiunii

Am detașat de ceilalți factori problema delicată a istoriei naționale. A trecutului comun, tradițiilor împărtășite, care constituie fundamentul oricărei națiuni. Un fapt este sigur: națiune fără istorie națională nu poate să existe. S-a petrecut însă o curioasă, deși explicabilă, inversare de roluri: națiunea și-a elaborat istoria și această istorie, o dată elaborată, a fost înfățișată ca făuritoare a națiunii. Se joacă aici, ca întotdeauna când se invocă autoritatea istoriei, pe dublul sens al cuvântului, istoria însemnând în egală măsură ceea ce s-a întâmplat, și discursul, de fapt multitudinea de discursuri, despre ceea ce s-a întâmplat. Orice discurs pretinde că se identifică cu istoria reală, și cu atât mai mult discursul naționalist, dată fiind ambiția lui de a defini valori mai presus de oricare altele.

Voi spune despre istorie ceea ce am spus și despre ceilalți factori: ea ajută la zidirea națiunii în măsura în care proiectul național înțelege s-o utilizeze. În mod cert fragmentar și orientat: punând în relief elementele de unitate, estompându-le sau chiar ignorându-le pe celelalte. Am cădea în capcana istoriei naționale dacă ne-am închipui că istoria cuprindea în germene, de la începuturile sale, proiectul național. Din punctul de vedere al Franței moderne, invocarea Galiei este firească. Dar, din perspectiva Galiei, nu exista nici o Franță! Nu se poate defini o tipologie, un raport de neclintit între evoluția istorică a diverselor structuri teritoriale sau culturale, și configurația actuală a națiunilor. Aproape întreaga istoriei a Cehiei s-a desfășurat în spațiul german; a existat o întrepătrundere a celor două culturi. Dar soluția modernă avea să fie alta, nicidecum o fuziune ceho-germană. Și Ungaria a fost o unitate istorică, dar nu a putut deveni o unitate națională. În schimb românii s-au unit, fără a fi fost vreodată uniți. Nu istoria comună a făcut România, ci o apropiere determinată de alți factori (lingvistic, cultural, geo-politic). Sunt și conjuncturi care pot schimba cursul. Istoria s-a desfășurat într-un anume fel, dar putea să meargă și pe alte căi. Fără Războiul de treizeci de ani, care a pulverizat spațiul german (și în plus a orientat expansiunea austriacă spre Est), istoria modernă a Europei ar fi fost alta. Dacă Germania și Austro-Ungaria ar fi câștigat primul război mondial (sau dacă acest război nu s-ar fi declanșat), am avea astăzi probabil o împărțire politico-națională a Europei diferită (cu atât mai mult cu cât al doilea război mondial a fost consecința celui dintâi). Alte evenimente ar fi creat o altă istorie. Firește, istoria nu se face cu „dacă“, dar nu se face nici cu „scopuri ultime“. Imaginarea de istorii paralele, virtuale, se justifică măcar ca antidot la tentațiile teleologice, mereu capturate de ideologii, gata oricând să se valideze prin recursul la istorie: „Așa a vrut istoria!“

Chiar astăzi nu există nici pe departe națiuni omogene, și aceasta la capătul unei acțiuni dirijate vizând omogenizarea spațiilor naționale. Cu atât mai puțin în urmă cu secole. Pe la 1830, Franța, *una* privită de departe, era în fapt un mozaic incredibil: știința de carte, de pildă (mă refer la ancheta întreprinsă de Emmanuel Le Roy Ladurie pe marginea registrelor de recrutare), înregistra variații cuprinse între câteva procente și peste 80%. Într-o lectură statistică, părțile Franței apar mai departe unele de altele decât Franța în ansamblu de celelalte țări europene! Și este totuși Franța, țara centralizată prin excelență, peste care trecuse și tăvălugul Revoluției. Istoria nu a făcut nimănui cadou o unitate reală; îi revenea națiunii misiunea de-a o încerca.

Dacă națiunile ar fi un simplu produs natural, am spune că într-adevăr „istoria le-a vrut"; am constatat însă partea primordială de *voință* cuprinsă în proiectul național. Chiar dacă istoria reală a creat tot felul de solidarități, topite apoi în amalgamul național, întrebarea este, trecând în planul ideal, în care se așază cu adevărat națiunea, în ce măsură construirea conștientă, voită a acesteia a făcut sau nu apel la un fond de *memorie împărtășită*. În ce măsură s-au făcut Franța, Germania sau România, fiindcă francezii, germanii sau românii ar fi avut conștiința unei istorii comune? Memoria aceasta desigur că există, dar ea este o memorie fabricată și nici nu are cum să fie altfel. Pe oameni (referindu-ne la membrii unei comunități vaste cum este națiunea) nu-i leagă în genere amintiri comune; acestea există doar la nivelul unei comunități primare. Istoria pe care o știu ei este învățată; ea a fost confecționată de cineva într-un anume scop. Nu memoria unor fapte istorice se află la originea proiectelor de unitate, ci proiectele respective se traduc într-un anume sistem de reprezentări istorice care, în funcție de forța sa de penetrație, se prinde în memoria colectivă și poate deveni un factor politic activ, adesea decisiv.

România este un stat nou. Nu a existat înainte de 1859. Pentru a compensa această întârziere istorică și pentru a susține proiectul național și ideea statului unitar, istoriografia românească modernă a conceput un cadru comun al istoriei naționale. Dacia antică, principatele medievale, distincte dar totuși strâns alăturate (și chiar reunite de Mihai Viteazul la 1600, moment efemer însă mai strălucitor decât o întreagă epocă), și, în sfârșit, România modernă, culminând cu România Mare din 1918, alcătuiesc un ansamblu istoric a cărui veridicitate pare multora de necontestat.

Și totuși, cronicile slavo-române din secolele XV–XVI nu știau și nici nu aveau cum să știe că ar exista o „România", sau un spațiu menit a fi cândva România. Sunt cronici distincte ale statelor românești (ale Moldovei, de fapt, cele păstrate). Momentul fondator este începutul statului respectiv (descălecatul lui Dragoș în Moldova). Dacii, romanii, Traian și Decebal nu există. Pe un asemenea discurs istoric nu se putea clădi o politică de apropiere a românilor, cu atât mai puțin unitatea lor.

În secolul al XVII-lea, un pas înainte. Grigore Ureche, Miron Costin vorbesc despre romani, despre originea comună, despre latinitatea limbii române. Românii devin „frați", dar nu o singură ființă, un singur popor; așa citim, poate, noi, astăzi, cronicile, dar nu așa le-au gândit cronicarii. Scriind despre ceea ce astăzi numim „originea românilor", Miron Costin își intitulează incursiunea istorică

De neamul moldovenilor. Unirea de la 1600 îi apare ca un act de cucerire, cum a și fost în realitate, dar cum nu mai este din perspectivă națională.

Abia Gheorghe Șincai, pe la 1800, scrie o istorie unitară a românilor (*Cronica românilor și a mai multor neamuri*), iar apoi maniera de abordare a trecutului avea să se precipite spre formula națională de istorie. Cu remarca totuși că, din perspectiva „micii Românii“ de la 1859, Țara Românească și Moldova, componentele noului stat, continuau să aibă o pondere sensibil mai mare în viziunea istorică globală decât Transilvania. Ecuația transilvăneană rămâne un timp incertă; nimeni nu știa că provincia de peste munți se va uni la 1918 cu România. Istoria luptei pentru unire s-a scris retrospectiv după 1918, amplificându-se considerabil sensul unitar al istoriei românești.

Cum se vede, apropierea apoi unirea teritoriilor românești reprezintă un proces gradat, de durată, iar reconstituirea istoriei s-a adaptat proiectelor politice. Românii au fost învățați cum să-și gândească istoria.

Românii și istoria lor nu sunt un caz singular. Epoca modernă (secolul al XIX-lea în principal) făurește conștiința națională, în bună măsură prin raportare la istorie. Acum se pun bazele unei culturi comune și unci mcmorii împărtășite, prin școală, prin carte, prin presă ... Acesta este și sensul demonstrației lui Benedict Anderson (în *Imagined Communities*). Într-adevăr, în lipsa unor asemenea mijloace de penetrare în mase, cum ar fi ajuns membrii unei comunități naționale să știe cam aceleași lucruri, să simtă și să gândească aproximativ la fel (cel puțin cu privire la marile probleme ale națiunii)?

Fiecare națiune și-a alcătuit o istorie, nici neadevărată, dar nici întru totul adevărată (ca orice istorie de altfel). Faptele au fost combinate în așa fel încât totul să conducă, din cele mai vechi timpuri până în prezent, spre formula națiunii, respectiv a statului național. Disensiunile din interiorul viitoarei națiuni au fost atenuate, oricum subordonate principiului unificator. S-au așezat în schimb, în prim-plan, conflictele cu ceilalți: în spiritul dialecticii „identitate-alteritate". Originile, ca în orice mitologie istorică, s-au bucurat de un interes aparte. De două secole încoace asistăm la o curioasă competiție: fiecare națiune își caută începuturi cât mai îndepărtate și mai valorizante. Cu cât rădăcinile sunt mai adânc înfipte și mai viguroase, cu atât arborele este mai puternic și mai rezistent. Istoria s-a decupat potrivit decupajelor naționale, „naționalizându-se" până și preistoria. Logic din perspectiva actuală, dar destul de ciudat dacă am încerca să privim dinspre celălalt capăt al istoriei; ce ar zice oamenii epocii de piatră dacă ar afla că sunt asimilați românilor, germanilor sau francezilor, după cum cad astăzi frontierele etnice sau politice?

S-a petrecut o completă întoarcere a sensurilor miturilor fondatoare. Până în faza națională a istoriei, întemeietorii veneau de regulă din „altă parte", aducând cu ei o doză de prestigiu și de sacralitate pe care solul autohton n-ar fi putut-o conferi. Orice, numai țărani de-ai locului să nu fie! Biblia, grecii și romanii au oferit, vreme de un mileniu, principalele repere istorice și politice, inclusiv o mulțime de răspunsuri cu privire la origini. Împărații germani se socoteau continuatori ai Imperiului Roman.

„Troienii“ Francus și Brutus apăreau ca primi fondatori ai monarhiilor franceză și engleză. Filiații biblice explicau originea popoarelor. Actele de cucerire nu stârneau încă frustrări și gânduri de revanșă; ele se înscriau în mersul firesc al istoriei. Războinicilor străini le revenea misiunea de a pune ordine în spații până la ei amorfe: francii întemeiaseră Franța, normanzii varegi, Rusia. Asemenea interpretări nu mai corespundeau însă ideologiilor naționale. Orientarea democratică a proiectului național presupunea deplasarea misiunii istorice fondatoare dinspre eroi spre mase, iar decupajul național însemna prelungirea, până la primele începuturi, a unei istorii autohtone. Nu cuceritorii străini, nici nepoții lui Noe, nici elitista moștenire istorico-mitologică greco-romană, bună pentru toți, așadar lipsită de virtuți de ordin național, ci „oamenii pământului“ se așezau în prima linie, asigurând cursul neîntrerupt al fiecărei istorii naționale de la timpurile dintâi până în prezent.

Strămoșii îndepărtați, în noua variantă, trebuiau să fie nu mai puțin respectabili decât fuseseră fondatorii tradiționali. Cine era în măsură să invoce o mare civilizație autohtonă nu ezita desigur să o facă. Naționalismul italian a recurs la romani, iar cel grecesc la vechii greci. Chiar astăzi, Grecia consideră Macedonia ca „marcă înregistrată“, care îi aparține, grație lui Alexandru cel Mare. Reîntemeierea — eșuată — a Imperiului Roman, prin Mussolini, se înscrie într-o logică similară. Tentativa românilor — ajutați și de nume! — de a se considera romani puri (până dincolo de mijlocul secolului al XIX-lea), cu alte cuvinte continuatori direcți ai istoriei imperiale romane, era de natură a înălța considerabil prestigiul unei națiuni, altminteri destul de modeste în termeni politici și culturali moderni. Nici turcilor nu le-a ajuns gloria istoriei otomane (oarecum recentă și prea universalistă pentru proiectul de stat național); așa se face că Turcia modernă a înțeles să pună în valoare Imperiul hittit, corespondentul statului turc de astăzi în urmă cu câteva milenii.

La nevoie strămoșii pot fi promovați, retrospectiv. Ce nu se poate atunci când națiunea se aliază cu istoria! Cât timp românii erau romani, îi priveau cu dispreț pe daci, ca pe niște barbari. Apoi — în spiritul logicii național-autohtoniste — balanța s-a echilibrat, mai mult chiar, a început să încline spre cei cândva disprețuiți. Pe măsură ce ponderea lor devenea mai mare în geneza românilor, dacii își adăugau noi trăsături de civilizație. Soluția extremă o reprezintă repudierea romanilor și extracția pur dacică a poporului român. Interpretarea aceasta a ridicat și civilizația dacă pe cele mai mari înălțimi. Este o mitologie națională care își are originile nu în Dacia reală, ci în *Dacia preistorică* a lui Nicolae Densușianu (publicată postum în 1913). Spațiul dacic ar fi fost vatra primei mari civilizații; de aici se trag toate, de aici au pornit și romanii, de aici s-au separat limbile și culturile europene. În asemenea condiții, se putea renunța fără nici o pierdere la romani.

Nu mai puțin seducătoare decât civilizația este absența civilizației: starea primitivă, naturală a comunităților umane. Din profunzimile acesteia se cuvine să-și tragă națiunile seva, fiecare propria-i sevă, și nu din civilizații cosmopolite, artificiale și obosite. După ce purtaseră vreme de o mie de ani povara Imperiului Roman, germanii s-au reorientat spre o istorie specific germană, care nu avea prea mult de-a face cu un imperiu de împrumut. I-au redescoperit pe vechii germani și au constatat cât de aproape sunt de ei. Poporul german, în simplitatea lui ereditară, necorupt de civilizație, necorupt de istorie (sau, în sfârșit, mai puțin corupt decât ceilalți), ar reprezenta, cel mai fidel, tipul uman absolut. Cu atât mai desăvârșit cu cât se află mai aproape de Creație. „Germanii rămân conformi naturii, în timp ce la străini totul este arbitrar și artificial." Așa argumenta Fichte, în *Discursurile către națiunea germană*, datate 1807–1808, exact în momentul închegării naționalismului german, ca reacție la invazia franceză. Autenticitate primitivă, tentație a preistoriei. *Arienii*, strămoșii fără cusur ai germanilor, aveau drumul deschis — și de aici bine cunoscuta evoluție până la nazism.

Peste tot ideologia națională a fost în căutare de autenticitate și de specific autohton. În mod cu totul remarcabil, inventând națiunea, intelectualii o căutau în altă parte: în cultura populară și în trecutul îndepărtat. Cu alte cuvinte, pretindeau că nu o inventează, doar o descoperă. Se explică interesul lor pentru folclor, entuziasmul cu care erudiții patrioți au cules (și în genere au „aranjat" fără mari scrupule) poezia, tradițiile și credințele populare. Creație a modernității, creație a unei elite, națiunea își reneagă originile recente și elitiste, ancorându-se în trecut și în straturile profunde de cultură, păstrătoare ale unui fond peren.

Este curios cum oamenii epocii moderne se pot simți legați prin sânge și printr-un întreg set de valori de ipotetici strămoși din urmă cu mii de ani (au fost firește învățați, printr-o educație dirijată în acest sens, să se simtă legați). Din perspectiva națională a istoriei, continuitatea este un concept-cheie. Invocarea strămoșilor apare ca argument decisiv: mai puternic decât orice ar putea oferi realitățile actuale. Iar contestarea celorlalți se petrece, simetric, tot prin referire la strămoși. Oare grecii de astăzi sunt aceiași sau nu cu grecii din Antichitate? Spre mijlocul secolului al XIX-lea, germanul Fallmerayer a supus unei critici necruțătoare continuitatea grecească, susținând că, îndeosebi în urma amestecului cu slavii, grecii moderni n-ar mai avea prea mult în comun cu compatrioții lui Pericle. Se înțelege indignarea naționaliștilor greci. Pentru ei, dimpotrivă, continuitatea era deplină și spiritul grec nealterat. Păreau să fie în joc reconstituirea teritoriului național (acela al Greciei antice) și prestigiul Greciei în Europa. Manieră de a pune problema perfect rezonabilă potrivit logicii naționale (făuritoare de decupaje etanșe și permanente), și perfect nerezonabilă dacă ieșim în afara acestei logici. Cum să fie grecii de astăzi aceiași cu grecii din Antichitate? Grecii de astăzi sunt grecii de astăzi! După cum și italienii de astăzi sunt italienii de astăzi și nu romanii de odinioară. Și aceasta nu datorită vreunui amestec, vreunui deficit de puritate, nu din motive biologice, ci pur și simplu datorită faptului că epocile și sintezele de civilizație sunt cu totul diferite. Ceea ce nu înseamnă că interpretarea naționalistă s-ar afla în afara regulilor reconstrucției istorice în genere (și în particular a funcției istoriei de validare a oricărui proiect social major); este rezultatul unei tratări imaginare a istoriei, în spiritul unor anume valori și urmărind o anumită finalitate. Ca orice istorie, este o istorie confecționată, nu dată.

Uneori pasiunea continuității face ravagii, atunci când intră în joc preeminențe concurente. Ungurii îi aduc pe români de la sud de Dunăre, pentru a fi ei cei dintâi veniți în Transilvania și a justifica astfel întinderea Ungariei până la Carpați. Românii nici nu vor să audă de altă soluție decât aceea a unei continuități absolute între daco-romani și națiunea română modernă, fiindcă astfel își justifică propriul drept. În mod curios, dacă facem abstacție de imaginarul istoric național, dar cu totul coerent în sensul acestui imaginar, se aduce ca prim argument al României de astăzi nu configurația actuală a unui incontestabil spațiu majoritar românesc, ci evoluții istorice obscure, deci contestabile, de acum două mii de ani. România nu ar exista fiindcă așa au făcut-o ultimele generații de români, ci fiindcă așa a fost delimitat acest teritoriu, cu oamenii lui, din cele mai vechi timpuri. Suntem „unul dintre cele mai vechi popoare din Europa“: un fel de „axiomă“ pe care manualele școlare au cultivat-o până în prezent.

Recent, disputa continuității și-a avut partea de responsabilitate în baia de sânge din Kosovo. Acesta este leagănul națiunii sârbe, afirmă sârbii. Noi suntem mult mai vechi, sună replica albaneză, fiindcă suntem urmașii ilirilor (slavii instalându-se în Balcani mult mai târziu). Din nou, strămoșii! Dar există date de naștere certe? Sau frontiere lingvistice fixate o dată pentru totdeauna? Fiecare popor este o sinteză, care se face și se preface fără încetare.

Și apoi, nu popoarele sunt în discuție, ci națiunile moderne. Peste tot însă, în discursul naționalist, impresionează abuzul de istorie. Oare oamenii de astăzi nu au totuși problemele lor specifice, independente, altele decât ale generațiilor trecute? Cu siguranță că au, dar logica națională i-a învățat să le transpună în termeni istorici, din convingerea că doar aceștia exprimă permanențe, restul fiind efemer.

Recordul în materie de fundații străvechi actualizate îl deține Africa Neagră. Cu totul explicabil: compensațiile istorice trebuie să fie pe măsura frustrărilor. Cele mai vechi fosile umane s-au descoperit în Africa. Pare deocamdată stabilit că omul s-a născut aici în urmă cu câteva milioane de ani. Naționalismul african a înglobat procesul acesta antropologic în propria-i istorie. Ce poate fi mai fundamental? Toate marile evenimente istorice pălesc în fața acestui prim început. Sunt răzbunate secole de umilințe și necazuri care nu mai contenesc. Omenirea datorează Africii însăși existența sa. Inutil să ne întrebăm ce legătură va fi avut primul om cu etniile africane de astăzi. Și nu este totul. Prima mare civilizație a lumii — Egiptul — ar fi fost tot o operă „neagră". Faraonii erau așadar mai închiși la culoare decât au vrut să-i vadă europenii. Africa, în concluzie, nu numai că a creat omenirea, dar a și civilizat-o.

Istoria, care nu este *una*, și nu este imobilă (dimpotrivă!), pune la dispoziția oricui indiferent ce. Cine aleargă după drepturi istorice le va găsi cu siguranță, la fel de valabile din propriul punct de vedere ca și drepturile istorice ale adversarului (cu atât mai mult cu cât fluidității istorice reale i se adaugă mobilitatea interpretărilor istorice, aşadar o multiplicare a combinațiilor de tot felul). Folosită astfel, istoria a devenit un instrument redutabil al confruntării dintre națiuni.

Când patria ne cheamă sub drapel...

Națiunea este un concept democratic. Cel puțin așa s-a născut: sub zodia democrației. Principiul ei fondator a fost suveranitatea poporului. A pornit la drum asociată cu idealurile moderne ale contractului social, demnității umane și egalității între oameni. Intelectualii progresiști ai erei revoluționare — de la 1789 până la 1848 — au fost naționaliști fervenți. Ei au văzut în ideea națională un principiu eliberator, în măsură de a crea o lume mai dreaptă și mai fericită. Națiunea definea un spațiu al regăsirii de sine și al înfrățirii.

Din nou însă istoria încurcă ceea ce la prima vedere pare atât de sigur. Ideile își permit să fie simple și logice, fiindcă nu sunt „adevărate“, istoria însă, ca realitate, nu are cum să fie așa. Conceptele, o dată ce se prind în materie, își pierd puritatea ideală, iar uneori își schimbă neașteptat sensul.

Națiunea cuprindea în ea, de la bun început, un ferment de autoritate. Comunitate de oameni egali, dar totuși comunitate, cadru obligatoriu, de neînlăturat, decis de istorie (cine este atât de nebun încât să se opună verdictului istoriei?). Între interesul individual și interesul național, cel din urmă exprimând voința majorității, și chiar mai mult, sensul imperativ al istoriei, nici o ezitare nu era de conceput. Iar interesul național, cine urma să-l definească? Poporul? Sau, totuși, o elită, un regim politic ...

Nimic nu s-a dovedit mai eficace decât manipularea unor oameni liberi, însă condiționați, prin apelul la valori identitare: recursul la „națiune“, la „rasă“ sau la „clasă“, însoțit de deprecierea sau culpabilizarea grupurilor și ideologiilor concurente. Prin funcția sa „agregatoare“, națiunea a servit de minune proiectelor autoritare sau totalitare. Ideologii democrați ai națiunii aveau în vedere un *om liber*, voluntar integrat într-un *organism comunitar*. Nu își făceau oare iluzii încercând să armonizeze soluții nu neapărat incompatibile, dar totuși distincte și nu chiar atât de ușor de armonizat?

Națiunea se deschidea, așadar, atât spre libertate, cât și spre autoritate; ambele aceste tendințe străbăteau societatea modernă. Ceea ce a triumfat, fiindcă servea mai bine elita politică și Puterea, orice elită politică și orice Putere, a fost virtutea unificatoare a națiunii. Raporturile de putere se impun ușor în fața principiilor generoase. Și astfel, oarecum de la sine, printr-o selecție firească, libertatea s-a eclipsat în favoarea autorității. Cu atât mai mult cu cât secolul al XIX-lea, epoca națiunilor și a statelor naționale, este și epoca marii burghezii, a unui sistem socio-politic elitist și cu reacții autoritare; realitate socială pe care elanul revoluționar-democratic nu a putut-o înlocui cu soluția utopică a egalității și fraternității. Modernitatea a însemnat o societate tot mai complexă, mai mobilă, mai conflictuală și tot mai puțin ținută în frâu de structurile și de valorile tradiționale aflate în declin. Ceva trebuia să se afle deasupra și să lege multitudinea de segmente și de tendințe disparate. Se explică astfel consolidarea gradată a statului. Statul burghez liberal este în fapt mai prezent și mai eficient decât statul aristocratic și „absolutist" al „vechiului regim". Elita burgheză își apără privilegiile la fel cum și le apărase elita aristocratică mai înainte, și chiar cu mai multă îndârjire, fiindcă sunt mai contestate și mai amenințate.

Punctul decisiv în alunecarea națiunii dinspre libertate spre autoritate l-a constituit fără îndoială fuziunea ei cu statul. Acesta fusese de la început obiectivul: nu o decupare teoretică a umanității, ci împărțirea efectivă într-o constelație de state-națiuni. Identificându-se cu statul, națiunea a câștigat partida. Statul, la rându-i, a câștigat un simbol de natură să-l sacralizeze și să confere noblețe oricăruia dintre actele sale. Au avut de pierdut doar iluziile. Dar ce altă soartă au iluziile?

Individul ajunge astfel să fie integrat națiunii. Libertatea lui se oprește acolo unde interesul național se află în joc. Un interes imuabil, transcendent, care se impune de la sine. Dragostea de patrie devine virtutea supremă; și, evident, ura împotriva dușmanilor ei.

În consecință, nimic mai înălțător decât a muri pentru patrie. Mobilizarea generală în caz de conflict se numără printre invențiile decisive ale națiunii: mobilizarea tuturor împotriva tuturor. Toți membrii săi sunt chemați să-și verse sângele, cel puțin toți bărbații valizi. Interesant raportul dintre națiune și război. Înainte de națiune, războiul era o treabă de profesioniști. Rostul social al aristocrației feudale acesta fusese. Mai târziu, perfecționarea armelor de foc a generat instituția mercenarilor, specialiști plătiți. Când statele s-au consolidat și armatele au devenit permanente, s-a recurs la angajați voluntari. Ansamblul corpului social rămânea departe de încleștarea armelor. Printre cei angajați nu puțini erau străini. În armata franceză a „vechiului regim" serveau elvețieni, germani, irlandezi ... Pe deasupra, soldatul nici nu era prea bine văzut de populație. Departe de armata respectată și admirată a epocii naționale, făcând corp comun cu națiunea. O despărțire de oștirea de tip național este în curs. În viitorul apropiat armatele vor fi din nou alcătuite din profesioniști (aceștia au purtat și războaiele recente, în Irak, Iugoslavia și Afghanistan). Rămân strict două secole de doctrină militară națională: nu prin „reprezentanți" calificați, ci prin întreaga lor masă trebuiau să se războiască națiunile. (Revoluția franceză a proclamat mobilizarea generală; serviciul militar obligatoriu s-a generalizat spre sfârșitul secolului al XIX-lea.) Așa pretindea mitul națiunii. „Aux armes, citoyens", suna chemarea Marseillaise-ei. Sau, încă și mai explicit, frumosul imn *La Arme!* al lui Șt. O. Iosif:

> „La arme, cei de-un sânge și de-o lege!
> La arme, pentru Neam și pentru Rege!
> Când patria ne cheamă sub drapel,
> Datori sunt toți copiii ei s-alerge
> Să-l apere, să moară pentru el!"

Oamenii nu se mai omoară oricum. Este o religie: mistica sacrificiului pentru o credință supremă, mai presus de individ și de trecătoarele generații.

Am zice că dacă tot trebuie să ne omorâm între noi (ideal ar fi să nu trebuiască), soluția profesioniștilor pare răul cel mai mic. În materie de război, ideologia națională a ales calea cea mai puțin rezonabilă dintre toate gândite sau aplicate de-a lungul istoriei. Este drept, nu avea ce face: aceasta îi era logica. Până nu de mult, școala ne-a învățat să reținem exclusiv latura eroică a acestei impresionante dăruiri colective. Va veni o vreme când se vor număra mai atent morții, zecile de milioane de adolescenți trimiși să moară „pentru patrie", și se va judeca altfel moralitatea și utilitatea unor asemenea jocuri. Era națiunilor este și era marilor masacre ale istoriei, masacre voite, minuțios programate, asumate cu mândrie.

Dacă a muri pentru patrie este onoarea supremă, nimic mai infamant decât trădarea de patrie. Crimă sancționată cu maximă severitate de orice legislație națională. Ruperea de națiune se aseamănă cu ieșirea în afara Bisericii în Evul Mediu. Excomunicatul își pierde calitatea și drepturile lui de om.

În 1835 Gogol publica micul său roman *Taras Bulba*. Este, în decorul secolului al XVII-lea, povestea unui hatman cazac care se războiește cu polonezii într-o încleștare naționalistă „avant la lettre". Fiul său Andrei se îndrăgostește de o frumoasă „inamică", pentru care își abandonează și patrie și religie ortodoxă (ca întotdeauna, femeia cheamă la păcat, în deplină inconștiență de altfel, ca Eva în momentul dintâi; doar că acum nu se mai păcătuiește în fața lui Dumnezeu, ci față de noua religie, care este Națiunea). Ajuns față-n față cu fiul trădător, Taras Bulba îl ucide cu propria mână.

Un veac și ceva mai târziu, tot un scriitor rus, sovietic de data aceasta, își îndeamnă micul erou, *Pavlik Morozov* (1951), să-și denunțe părinții sabotori poliției politice. Prea de tot, nu? Dar nu mai de tot decât fapta lui Taras Bulba, singura deosebire fiind că sacrificiul se făcea pe altarul altei religii. Față de valori deasupra cărora nu mai există nimic — națiunea într-un caz, societatea comunistă în celălalt — legăturile de sânge devin secundare. Individul aparține în primul rând nu familiei, ci comunității celei mari și unui destin colectiv. Să fie rușii în mod particular tentați de excese? În tot cazul excesele lor — efective sau simbolice — au meritul de a exprima fără rețineri sensul marilor religii politice ale lumii moderne.

Sfârșitul Europei?

Dar cum am ajuns la războaie? Nici nu se gândeau naționaliștii la așa ceva. Sau poate, da, războaie împotriva tiraniei (nicidecum împotriva altor națiuni). „Contre nous de la tyrannie/ l'étendard sanglant est levé“ (împotriva noastră s-a ridicat steagul însângerat al tiraniei). Războaiele Revoluției franceze nu sunt, sau nu se recunosc a fi, naționale, ci ideologice. Revoluția se apără de tirani și apoi pornește să curețe lumea de ei. Ceea ce explică admirația de care beneficiază Franța revoluționară printre supușii luminați ai statelor europene aflate în conflict cu ea. Într-un prim moment, germanii s-au lăsat seduși, pentru a constata în cele din urmă că universalismul revoluționar purta totuși culorile franceze. Au înțeles să-i opună propriile culori și astfel Rinul a devenit una dintre principalele linii de fractură ale continentului.

Proiectul național a fost la origine generos și universalist. Triumful ideii naționale avea să aducă pacea, mai mult chiar, înfrățirea popoarelor, poate confederarea lor. Monarhii se tot ceartă între ei, dar națiunile, oamenii o dată eliberați și stăpâni pe propria soartă, ce ar avea de împărțit?

Când Herder, spre 1790, organiza omenirea în entități naționale, nu urmărea defel să răstoarne cosmopolitismul filozofic al Luminilor. Dimpotrivă, el se pronunța împotriva unei lumi dominate de un model cultural unic, în favoarea demnității și egalei îndreptățiri a tuturor etniilor și culturilor. Lumea rămânea una, dar spiritul universal era firesc să se manifeste prin inepuizabila bogăție a individualităților distincte. Ca într-o mare familie.

Dar am văzut deja că ideile nu au obiceiul să asculte de cei care le-au conceput. Logica efectivă a naționalismului era alta. În mod inevitabil separarea duce mai curând la confruntare decât la apropiere. Filozoficește, națiunile erau egale, dar în fapt nu erau deloc. Unele aveau cu siguranță să devină „mai egale" decât celelalte. În plus, cine urma să hotărască spațiul cuvenit fiecărei națiuni, frontierele sale? Filozofii? Sau armele pe câmpul de luptă? Și nu Europa secolului al XIX-lea putea îmblânzi asemenea tentații. Era o Europă profund conflictuală, iar națiunea a intrat în tiparele ei. Modernitatea a accentuat antagonismele dintre state. Revoluția industrială a creat noi dezechilibre, noi ierarhii și o întrecere de un nou fel, mai acerbă ca oricare alta, pentru cucerirea piețelor (mai întâi în Europa, apoi în spațiul extraeuropean destinat colonizării sau împărțirii în sfere de influență). Națiunea însăși a turnat gaz peste foc, oferind oricărui conflict o cauțiune ideologică și, în genere, preconizând o realcătuire a Europei care numai prin bună înțelegere nu se putea realiza.

La 1848, și în anii care au urmat, naționaliștii revoluționari credeau cu tărie în virtuțile înfrățirii între națiuni. Dacă ar fi lăsate în voia lor popoarele ... Jules Michelet și Edgar Quinet urmăreau cu emoție mișcările naționale de pretutindeni. Nicolae Bălcescu visa la o confederaţie dunăreană. Comitetul democratic european prezidat de Mazzini prefigura o alăturare a popoarelor libere. Însă popoarele libere sau în curs de eliberare începeau deja să se certe asupra moştenirii. Nu este uşor să împarţi un teritoriu. Revoluţia din Ungaria s-a spart în revoluţii naţionale distincte: maghiarii, popoarele slave (slovaci, croaţi, sârbi) şi românii s-au înfruntat violent în numele aceleiaşi ideologii naţionale.

Câţiva ani mai târziu, Napoleon al III-lea a declanşat un experiment crucial. Împăratul Franţei păstrase din tinereţea-i aventuroasă şi contestatară (pe când nu era încă decât Ludovic-Napoleon) tot felul de idei înnoitoare; printre ele figura şi o nouă ordine europeană care să răspundă idealului naţiunilor. Şi astfel Franţa a inaugurat o politică europeană cu totul neortodoxă în epocă; dusă până la capăt ar fi aruncat în aer întreg sistemul. Ea s-a lovit însă atât de structurile statale existente şi de mecanismul echilibrului european, cât şi de nepotrivirile dintre proiectele naţionale concurente. A putut da o idee de potenţialul conflictual cuprins în noua orientare politică. Unirea Ţărilor Române afecta Imperiul Otoman, unificarea Italiei, încă în şi mai mare măsură, Austria. Erau două mari puteri care nu puteau fi scoase din ecuaţia europeană. Aşa că Franţa, susţinătoare a unităţii româneşti, a acceptat până la urmă o unire făcută pe jumătate (dusă până la capăt de românii înşişi) şi a abandonat şi Italia la jumătate de drum (luând totuşi, drept compensaţie pentru ajutorul acordat, Savoia şi Nisa). La 1863, polonezii răsculaţi împotriva ţarului — şi puternic susţinuţi în opinia publică franceză —

nu au primit însă sprijinul sperat; Franța nu și-a permis un nou război cu Rusia pentru Polonia. Între timp, Germania își înfăptuia unitatea, iar Franța, campioană a principiului național, nu avea, teoretic, nici un motiv să se plângă. Neutralitatea ei binevoitoare a netezit planurile Prusiei care, spre deosebire de italieni, nu a oferit nimic în schimb. Acum, când se fixau granițele între națiuni, Franța urmărea să-și împingă propria-i frontieră cât mai mult posibil spre est: era în joc ponderea ei în noua configurație a Europei. Compensațiile invocate priveau fie malul stâng al Rinului, pământ german — soluție respinsă de Bismarck, fie Belgia, țară parțial francofonă, recentă și oarecum artificială, fie, cel puțin, Luxemburgul. Nu a obținut însă nimic, iar în 1870 a izbucnit războiul franco-prusian, din care Franța a ieșit înfrântă și diminuată teritorial (prin cedarea Alsaciei și a unei părți din Lorena); Napoleon și-a pierdut tronul, plătind pentru o politică imaginativă dar lipsită de coerență. Războiul acesta, război pentru teritorii și pentru întâietate purtat de cele două mari națiuni europene, de națiunile-model ale continentului, a dovedit că era naționalismului idealist și fratern se încheiase. Națiunea coborâse în sfârșit pe pământ, într-o Europă gata să se sfâșie.

Modelul ideal aflat în germene în politica celui de-al doilea imperiu francez ar fi fost o Europă a statelor naționale arbitrată de Franța. De o Franță suficient de puternică pentru a prelua, în asociere cu Anglia, sarcina echilibrului european. În lume s-ar fi instituit un condominium franco-englez; în acest sens mergea și tentativa de îndiguire a puterii nord-americane, prin susținerea statelor din sud în timpul războiului de secesiune (1861–1865) și prin aventura din Mexic, țară care ar fi urmat să intre în orbita franceză. Din toate, ceea ce a rămas ca realitate europeană durabilă a fost delimitarea celor trei mari state-națiuni vest-europene: Franța, Germania și Italia. Ca și amenințarea unui nou război între Franța și Germania, dar și o stare echivocă în relațiile franco-italiene (maniera în care a tratat Franța unitatea Italiei a suscitat printre italieni sentimente contradictorii, de recunoștință și de frustrare, chiar de ostilitate).

Idealul național a însemnat până la urmă trasarea și mai apăsată a frontierelor, reale sau imaginare; nu unificarea continentului european, în spiritul unei ideologii comune, ci spargerea lui în bucăți. Marele Larousse (*Grand dictionnaire universel du XIX*e *siècle*, editat de Pierre Larousse) schița, pe la 1870, o caracterizare memorabilă a Europei (vol. VII, articolul „Europe“):

> „Europa nu înseamnă ceva decât în măsura în care se numește Franța, Anglia, Rusia, Austria, Prusia, Spania etc. Aici particularul trece înaintea generalului. Nu la fel stau lucrurile în America, Asia, Africa, Oceania; acolo, generalul se impune în fața particularului: acesta din urmă este aproape complet absorbit; dimpotrivă, Europa nu e decât o denumire geografică care cere să fie tratată în linii mari. Sub Cezar, și chiar sub Carol cel Mare, Europa, deja veche, avea încă o istorie; pe atunci erai asiatic, african sau european. Sub Napoleon I, Europa și-a pierdut individualitatea; ești francez, englez, italian, helen, rus etc.; nu mai ești european. Sena este un fluviu al Franței, Rinul este un fluviu german, Alpii sunt munți italieni, Tagul este fundamental portughez,

Vezuviul este italian, Tamisa este engleză, Sfânta Gudula este belgiană, Kremlinul este rusesc și Potsdamul este prusian."

Cam așa se argumenta (în genere, nu numai în „Larousse"). S-ar fi putut zice, firește, și invers, și oricum, altminteri, între cele două extreme. Alpii nu străbat doar Italia, ci și Franța, Elveția și Austria. Dacă ne place Tamisa, înclinăm spre „naționalizarea fluviilor". Dunărea, dimpotrivă, ar fi ilustrat varianta „multinațională". Sfânta Gudula este într-adevăr belgiană, atât de belgiană încât unui „nebelgian" trebuie să-i explici despre cine este vorba. Dar creștinismul, totuși, este european! Și așa Europa devine mai diversificată decât Asia, Africa și America, deși lucrurile stau tocmai invers. În parte prin condițiile sale geografice, și în orice caz prin structurile de civilizație (creștinism, moștenirea greco-romană), Europa, fără a fi, firește, omogenă, se prezintă mult mai puțin diversificată decât imensa și inepuizabila Asie, sau decât Africa, cu cele două mari subdiviziuni, Africa neagră sud-sahariană, și Africa mediteraneeană, arabă și berberă... Totul este întors în beneficiul unei „demonstrații" gata făcute: în timp ce celelalte continente devin blocuri cvasiuniforme, Europa aproape încetează de a mai exista; sunt tot atâtea „Europe" câte entități naționale europene.

Partea și mai curioasă este că Europa există și nu există în același timp. Este concomitent puternic valorizată și anihilată. Valorizată față de ceilalți, față de restul lumii. Era națiunilor este și era marii expansiuni europene. Europa devine stăpâna globului. Orice manual de geografie am deschide, aflăm că este continentul care posedă toate calitățile de ordin geografic, rasial și cultural. „Europa... — stă scris în Dicționarul «Bouillet» de istorie și de geografie (cam în aceeași vreme cu «Larousse-ul») — una din cele cinci părți ale lumii, cea mai mică în ce privește suprafața, dar cea mai bogată, mai luminată și mai puternică." Și nu ca rezultat al unei conjuncturi istorice, ci prin destin. „Europa — explică Jules Michelet (în *Introducere la istoria universală*, 1831) — este un pământ liber; sclavul care o atinge este eliberat; așa s-a petrecut cu umanitatea refugiată din Asia. În această lume severă a Occidentului, natura nu dă nimic de la sine; ea impune ca lege necesară exercițiul libertății." Iar libertatea, pentru generația lui Michelet, era valoarea supremă, motorul evoluției universale. De constatat așadar nu numai consemnarea, firească, a unei supremații istorice europene, ci o mistică a Europei, și a omului alb, a misiunii sale civilizatoare. Mistică europeană, mistică națională, două religii care cu greu puteau oficia la același altar. În genere, religia europeană funcționează în raport cu restul planetei. Față de ceilalți, inferiori oricum, europenii apar uniți, nu numai în discurs, dar adesea și în fapte. Certurile lor de familie îi privesc exclusiv, se desfășoară într-o zonă inaccesibilă celorlalți. Când trebuie să fie pusă China la locul ei, francezi, germani, britanici își așază trupele sub comandă unică și se înfrățesc împotriva adversarului comun: „boxerii" răsculați (1900). Câțiva ani mai târziu aveau să se măcelărească între ei, în spațiul european, dar era treaba lor. Spațiu închis și privilegiat, văzut de sus, la scară planetară, Europa se complace, la ea acasă, în propriile-i dezbinări.

O nouă știință își oferea acum serviciile: „psihologia popoarelor“, inaugurată de germanii Lazarus și Steinthal (din 1859 cei doi savanți germani editează un periodic specializat: *Zeitschrift für Völkerpsychologie und Sprachwissenschaft* — Revista de psihologie a popoarelor și lingvistică). Fiecare națiune este „altfel“ — dacă o demonstrează chiar știința! Iar când te convingi că ești în anume fel, ajungi cu timpul chiar să fii. Nu vreo psihologie distinctă stă la baza decupării națiunilor, dar națiunile, o dată „autodefinite“, își amenajează un spațiu cultural specific, propriul set de valori și de comportamente. Nu te naști, biologic vorbind, german sau francez, dar înveți în familie, la școală și în societate cum să fii un bun german sau un bun francez. Se petrece un proces dirijat de omogenizare intelectuală și comportamentală, cu totul relativ de altfel, cu siguranță mult mai accentuat în imaginar decât în datele reale ale peisajului social. Nu toate femeile din Renaștere erau corpolente și nu toate au astăzi linie de top model. Acesta este „modelul ideal“. Cam așa stau lucrurile și cu înfățișarea națiunilor. În plus, orice personalitate se multiplică în funcție de privirile celorlalți. Profilul psihologic al unei națiuni este schimbător, potrivit unghiului de vedere. Aceleași trăsături pot să apară sublime sau ridicole. Oricum, iată un nou teren de concurență; un joc cam pueril, dar intens practicat în secolul al XIX-lea: cine este mai reușit ca tip uman?

Francezul, se înțelege, ne asigură Michelet. Și, pentru a înlătura orice bănuială de parțialitate, mărturisește că a ajuns la această concluzie printr-un demers cât se poate de obiectiv, lăsând la o parte orice slăbiciune patriotică. Faptul că o spune un francez nu schimbă nimic din greutatea ştiinţifică a argumentaţiei. Nici englezii nu ar fi chiar nereuşiţi, dar ceea ce deranjează este imensul lor orgoliu; naţie eroică, însă nu întru totul coaptă pentru libertate. (Nimic mai amuzant decât să-ţi imaginezi un englez citind aceste rânduri, un englez, fireşte, pătruns de convingerea că libertatea este o invenţie englezească. În *Povestea celor două oraşe*, roman publicat în 1859, Dickens construia o antiteză, cam facilă, dar grăitoare pentru celălalt punct de vedere, între o Franţă scoasă din minţi de libertatea, în fapt de anarhia Revoluţiei şi o Anglie echilibrată, aşezată firesc în vechile ei structuri de libertate.) Cât despre Germania — revenim la Michelet — „ea cade mereu, în materie de religie în misticism şi în materie de politică în despotism". Şi Italia este tratată cu condescendenţă: nu prea are originalitate! Ce-i rămâne de făcut este să privească spre Franţa. Toate au desigur o explicaţie: „Rase şi idei, totul se combină şi se complică înaintând spre Occident. Amestecul, imperfect în Italia şi Germania, inegal în Spania şi Anglia, este în Franţa egal şi perfect." O demonstraţie cu adevărat convingătoare. Lumea n-ar fi nimic fără Europa, Europa n-ar fi nimic fără Franţa. Istoria universală este în esenţă istoria Europei, iar istoria Europei se sublimează în istoria Franţei.

Fichte vede lucrurile puţin diferit, mizând, am arătat deja, mai mult pe excelenţa naturală decât pe civilizaţie. De aici, misiunea şi îndemnul adresat germanilor:

> „Voi sunteți cei care, printre toate popoarele moderne, păstrați germenele perfectibilității umane și sunteți chemați a veghea la dezvoltarea umanității... Dacă ați pieri, omenirea întreagă ar pieri cu voi, fără nici o speranță de renaștere."

Jocul era declanșat. Un joc nobil, pueril sau îngrijorător, după gusturile fiecăruia. Oricum, Europa intra într-o fază de divizare și de regrupare. Pe lângă națiunile distincte, secolul al XIX-lea face mare caz de cele trei mari familii, „rase" sau „ginte": latină, germanică și slavă. Trei Europe, fiecare asumându-și o misiune istorică excepțională, fiecare considerând că viitorul îi rezervă preeminența. Dacă-i revenea Franței să piloteze „corabia umanității", după spusele lui Michelet, ea nu se angaja singură în această întreprindere: „să nu ne îndoim că va fi într-o uniune intimă cu popoarele de limbă latină, cu Italia și cu Spania, două insule care nu se pot înțelege cu lumea modernă decât prin intermediul Franței" (alianța nu excludea o ierarhie înțeleasă de la sine). „Panlatinismul" nu s-a instalat însă în poziție dominantă în mișcarea ideologică și politică franceză. Mult mai atrași de o asemenea soluție de solidaritate au fost românii, insulă latină pierdută într-o mare slavă, care priveau plini de speranță spre marea soră latină din Occident. *Cântecul gintei latine* compus de Vasile Alecsandri (1877) este un text memorabil, prin naiva lui religiozitate, mai esențial decât orice discurs pe această temă:

> Latina gintă e regină
> Într-ale lumii ginte mari;
> Ea poartă-n frunte-o stea divină,

Lucind prin timpii seculari.
Menirea ei, tot înainte
Măreț îndreaptă pașii săi,
Ea merge-n capul altor ginte
Vărsând lumină în urma ei
… …
În ziua cea de judecată,
Când fața-n cer cu Domnul sfânt
Latina gintă a fi-ntrebată,
Ce ai făcut pe-acest pământ?
Ea va răspunde sus și tare:
„O Doamne, în lume cât am stat,
În ochii săi plini de admirare,
Pe tine te-am reprezentat.“

Lipsită de sprijinul activ al „marii surori“, ideea latină a ratat ocazia de a deveni un ferment politic pe scena europeană. Altfel au stat lucrurile cu *pangermanismul* și *panslavismul* care răspundeau mai direct unor interese politice germane și ruse și au beneficiat de susținerea celor două mari puteri. Un ideolog panslavist, Nikolai Danilevski, a găsit o rezolvare elegantă și profitabilă istoriei europene. În cartea lui *Rusia și Europa* (1869), a divizat evoluția continentului în trei perioade: prima dominată de latini, a doua de germani, și a treia, care va reveni, perfect logic, popoarelor slave, cu alte cuvinte Rusiei.

Împărțirea se putea face în fel și chip. Se întâmplă să apară și celții, care determină alte combinații. Jules Duval, un geograf francez, propune în 1870 într-o carte intitulată *Planeta noastră*, structurarea Europei în trei zone:

Europa occidentală, mediană și orientală. Prima ar fi domeniul rasei celtice, pură în Franța și „amestecată în Spania cu cea iberică, în Italia cu cea latină, și cu cea germanică în Elveția, Belgia, Olanda și Insulele Britanice". Este nucleul puternic al civilizației europene, avangarda omenirii. Interesant că Anglia se atașa grupului celtic a cărui piesă principală, și nealterată, rămânea totuși Franța. Regrupare corespunzând amintitului proiect politic mondial al celui de-al doilea imperiu, care presupunea o strânsă înțelegere franco-engleză. Mai puțin performantă se prezenta Europa centrală, „domeniul propriu al rasei germanice" (desconsiderare pe care Franța avea s-o plătească). Cât despre Europa orientală, majoritar slavă, influența „sângelui turanic" îi conferea „origini și tendințe străine restului Europei": o Europă marginală, de calitate îndoielnică.

Jocul privilegiaților și marginalizaților continuă, de pildă în *Noua geografie universală*, monumentala lucrare a lui Elisée Reclus, al cărui prim volum apare în 1875. Autorul începe prin a exclude Rusia din adevărata Europă, o Rusie „pe jumătate asiatică prin climatul extrem, prin aspectul monoton al câmpiilor și prin interminabilele-i stepe". Europa autentică, leagăn al civilizației, juxtapune cele trei peninsule mediteraneene și cele trei mari țări occidentale: Franța, Germania și Anglia. Metodă inedită de argumentare: o scufundare cu două sute de metri a continentului ar îneca toate celelalte regiuni!

Din ce în ce mai divizată prin frontierele geografice, naționale, politice și lingvistice, Europa cunoaște în plus o fărâmițare de ordin biologic și antropologic. Pentru

Linné (autorul marilor clasificări biologice), în secolul al XVIII-lea, nu exista decât o singură rasă europeană, rasa albă. Distincții tot mai fine au făcut să apară după 1800 un număr sporit de diviziuni rasiale. Secolul al XIX-lea a fost tentat de conceptele de *specificitate* și *inegalitate*: între rase, națiuni, categorii și indivizi (în paralel și în contradicție cu mitologia democratică a aceluiași secol). Europa trebuia să se înscrie în logica generală a lucrurilor. Pentru Gobineau, în faimosul său *Eseu asupra inegalității raselor umane* (1853–1855), superioritatea albilor era mai presus de îndoială, dar nici albii nu erau toți de aceeași calitate. Conta în primul rând elita lor, elita reprezentată de arieni, singurul grup într-adevăr creativ, constructor de civilizații.

O știință care încingea spiritele era antropologia. Spre deosebire de antropologia actuală, însemna înainte de toate *antropologie fizică*: problematica culturală rămânea secundară, derivată din calitățile fizice care distingeau rasele și grupurile umane. Se manifesta o adevărată manie a măsurătorilor: craniile în primul rând (ca lăcașuri ale creierului, deci ale inteligenței), și apoi toate segmentele, toate detaliile corpului uman. Consecință: o omenire biologic ruptă în bucăți. Nici rasa albă nu-și mai putea menține coeziunea în fața acestei ofensive (aparent de o rigoare științifică fără cusur). Albii nu mai erau identici unii cu alții. Trebuiau grupați în rase distincte. O lucrare de antropologie ca aceea a lui Joseph Déniker, *Les Races et peuples de la terre* (Rasele și popoarele pământului), apărută în 1900, consemna nu mai puțin de șase rase europene, completate prin alte patru rase secundare. Zece diviziuni biologice în locul unicei rase albe din clasificările tradiționale. Antropologii își făceau minuțios munca: observau, măsurau și comparau fără încetare. Pentru ei, distincțiile puse în evidență nu însemnau, în principiu, că un anume grup european ar fi fost mai reușit decât altul, dar rezultatul era o Europă încă mai împărțită, particularitățile de ordin rasial adăugându-se celorlalte divizări ale continentului.

Mitul unei Europe fărâmițate la extrem a contribuit la fărâmițarea sa efectivă. Consecința a fost o lungă serie de conflicte, culminând cu cele două războaie mondiale și cu pierderea rangului planetar pe care Europa credea că îl deține de drept și pentru totdeauna.

Toate aceste încurcături deveneau inevitabile din primul moment când a încolțit ideea de națiune. Doar filozofii au putut crede că lucrurile erau atât de evidente încât să se așeze de la sine. În fapt, națiunile nu „preexistau", ele se tot alcătuiau, și nu era nimeni să arbitreze procesul. Nu li se afișase lista și nici nu li se trasaseră granițele la crearea lumii! Chiar o Europă populată numai de filozofi ar fi ajuns să se încaiere.

Ce se întâmplă când principiile naționale se suprapun? În numele principiului național se pot confecționa hărți dintre cele mai diferite, unele rezultând dintr-o interpretare istorico-politică a națiunii, altele dintr-un decupaj etnico-lingvistic, cu toate combinațiile și dozajele de rigoare. Într-adevăr, unde includem Alsacia: la Franța sau la Germania? Ce facem cu Boemia: o lăsăm așa cum este sau o împărțim între cehi și germani? Și cum rămâne cu minoritățile: sunt destinate să rămână veșnic minorități sau se pot desprinde şi reuni la rându-le în entităţi naţionale? Înainte de 1918, românii şi slavii din Ungaria aveau statut de minorităţi. Erau însă majoritari pe bucata lor de pământ. Dar aşa sunt şi astăzi albanezii în Kosovo şi kurzii în Turcia. Criteriile diferite conduc inevitabil la suprapuneri. Românii din Ungaria Mare aparţineau naţiunii ungare potrivit criteriilor maghiare şi naţiunii române potrivit celor româneşti. Dar maghiarii de astăzi din România? Dar românii din Bucovina: cărei naţiuni îi aparţin, ucraineană sau română? Nici decupajul strict cultural nu ar fi fost lipsit de dificultăţi, cu atât mai mult însă unul politico-teritorial. Fiindcă naţiunea aspiră spre stat. Termenul logic al împlinirii sale este statul-naţiune. O dată ce toate sunt egal îndreptăţite în faţa lui Dumnezeu sau a istoriei, n-ar fi onest să le împărţim în două categorii: naţiuni menite a fi independente şi altele vegetând în plan secund. Cum se decide, aşadar, de la caz la caz? Naţiunea, spunea Renan, este un „plebiscit permanent“. Frumos zis, însă doar un fel de a spune. În materie de amenajare a spaţiilor naţionale, plebiscitul efectiv a fost excepţia, nu norma. Şi apoi, cum ar arăta un plebiscit permanent cu fluiditatea politico-teritorială rezultând de aici? Cutia Pandorei, o dată deschisă, greu mai poate fi ţinută sub control. Şi apoi, naţiunile „împlinite“ se află într-o poziţie morală delicată pentru a spune altora că este cazul să se astâmpere. Modelul s-a dovedit contagios şi a funcţionat prin valuri succesive. Apar mereu noi deziderate naţionale. Şi atunci, ce trebuie făcut: modificată harta lumii la fiecare generaţie? Iată ce se întâmplă cu ideile simple când încep să fie luate în serios!

Principiul politic cu care națiunea a intrat în concurență a fost acela al echilibrului european. De la începutul epocii moderne statele se pândeau, având grijă să nu apară nicăieri un exces sau un gol de putere. Într-o vreme încă dominată de valori religioase, Franța catolică a lui Richelieu și-a aruncat forțele în balanță de partea protestanților pentru a nu permite consolidarea peste măsură a Habsburgilor. Echilibrul de putere trecea înaintea oricărui alt criteriu. Revoluția franceză și războaiele napoleoniene îl ruinaseră complet. De aceea Congresul de la Viena din 1815 s-a străduit să-l facă la loc, chiar mai solid ca înainte. Evident că popoarele nu aveau ce căuta într-un asemenea sistem; singure contau marile puteri, care făceau poliția continentului și se supravegheau între ele, pentru ca o rupere a echilibrului să nu mai fie posibilă. Pe drept cuvânt, Metternich, principalul artizan al acestui mecanism, a devenit bestia neagră a democraților și naționaliștilor. Poate însă că niciodată Europa nu a funcționat atât de satisfăcător, în termeni politici, timp de un secol, cu conflicte îndiguite, până la ruperea zăgazurilor în 1914. Ar fi funcționat și mai liniștit, și mai multă vreme, dacă i-ar fi permis asaltul națiunilor. Nu înseamnă că filozofia lui Metternich, în ansamblu, merită laude. Putea să aibă toate păcatele din lume, și cu siguranță avea destule, revenindu-i însă meritul de a fi fixat pe cât posibil un ansamblu continental care risca să devină fluid și incontrolabil. Echilibrul de putere nu intra defel în logica restructurării naționale a lumii. Dimpotrivă, dezechilibrul urma să fie norma: o lume pestriță și inegală. Germania se anunța ca un gigant național în inima Europei; Rusia la fel, la una din extremități. Alături de ele, națiuni miniaturale, rezultate din fărâmițarea imperiilor: procesul zis de „balcanizare“, dar întâlnit la fel de bine și în Europa Centrală sau pe țărmurile Balticei. Structuri nesigure, aflate în conflict unele cu altele și mereu amenințate de coloșii din preajmă.

Perioada interbelică oferă modelul aproape ideal — în contradicția lui fundamentală — al triumfului european al națiunilor, asociat cu toate dezechilibrele și primejdiile rezultând de aici. Firește, Austro-Ungaria era departe de a fi fost o soluție mulțumitoare; de aceea a și dispărut. Dar cu o Austro-Ungarie la locul ei, sau cu o combinație politică mai echitabilă și mai echilibrată care i-ar fi succedat, nici Hitler și nici Stalin n-ar fi profitat de vidul central-european și cursul istoriei ar fi fost altul. Pentru a ține lucrurile în frâu s-au imaginat soluții noi, precum Societatea Națiunilor sau alianțe regionale, ca Mica Înțelegere. S-a mers până la acea înduioșătoare naivitate, numită pactul Briand-Kellogg (1928) care punea războiul în afara legii. În sfârșit, nu mai era voie să se facă război! Din lumea umbrelor, Metternich va fi privit cu un zâmbet disprețuitor toată această agitație inutilă: hârtii și discursuri, în locul unui sistem efectiv de putere. Noul sistem putea fi mai drept, mai generos, mai democratic; fapt este însă că el nu numai că nu a asigurat securitatea nimănui, dar a „invitat“ până la urmă la agresiuni și la război. În acțiunea politică, și în istorie în general, nu ajunge ca lucrurile să fie dezirabile în sine, trebuie văzut dacă au și urmări pe măsura intențiilor (sau dacă nu cumva conduc, pervers, în cu totul altă direcție).

După al doilea război mondial, necesarul echilibru de putere și-a găsit rezolvări din afară; cu totul distincte, opuse chiar logicii naționale: extinderea imperiului sovietic în Est și protectoratul american în Vest. Protectoratului american — prezent și astăzi în forme atenuate și discrete — i-a urmat proiectul occidental de unificare europeană, în timp ce în Răsărit prăbușirea stăpânirii sovietice a reaprins conflicte naționale de tip clasic.

În mod cert, națiunea singură nu s-a dovedit capabilă să asigure ordinea și stabilitatea lumii. Alte soluții, mai mult sau mai puțin eficiente, au fost chemate să contrabalanseze fascinanta destabilizare provocată de iruperea în istorie a fenomenului național.

O națiune — o limbă

„Tipul ideal“ spre care tinde națiunea este decuparea lumii în unități distincte și omogene. Diversificare extremă la scară planetară, omogenizare maximă în interiorul fiecărei entități naționale. Dispar nuanțele, amestecul, zonele de tranziție. Orice hartă politică a continentelor oferă imaginea acestui model ideal: o lume de pete juxtapuse, mai mari sau mai mici, dar de egală intensitate. Altceva, potrivit acestei imagini nici nu mai există: nici unitate supranațională, nici diversitate în interiorul frontierelor.

Națiunea ideală — intangibilă, firește, ca orice ideal, dar spre care se tinde — este aceea în care oamenii vorbesc aceeași limbă, la propriu și la figurat. Ei împărtășesc cu toții o religie politică: credința în valorile supreme ale nației și în destinul ei, rămânând ca eventualele dispute să se desfășoare asupra unor lucruri mai puțin esențiale, care nu afectează interesul național. Au cu toții o manieră specifică de a reacționa, îndeosebi în situații cruciale, o dată ce națiunea este definită și ca spațiu psihologic. „Uniți în cuget și-n simțiri“, după cum spune un cântec patriotic românesc. Stadiul ultim — și caricatural (exploatat cu deliciu în caricatură și în literatura umoristică) — ar fi acela în care toți membrii unei nații ar arăta, ar gândi și s-ar comporta la fel! Asemenea sentimente și reacții sunt însă imponderabile, greu de apreciat în raport cu gradul lor de conformism sau de sinceritate. Dar limba vorbită, în sensul propriu al termenului, oferă un indicator incontestabil. Se constată, ca regulă, tendința de omogenizare a spațiului lingvistic și cultural.

O comparație sumară între recensămintele europene din jurul anului 1900 și cele efectuate în preajma anului 2000 este de natură să pună în evidență amploarea fenomenului. Sunt, desigur, și excepții: în primul și în primul rând inclasabila Elveție, națiune ale cărei cantoane, diferit colorate etnic și religios, merg împreună aproape ignorându-se. Dar iată, cazul Finlandei, o țară nu mai puțin apreciată pentru inexistența tensiunilor lingvistice. Cu totul remarcabil: suedeza, vorbită de numai 6% din populație, este limbă oficială, pe picior de egalitate, așadar, cu limba majorității. Întocmai cum în România, maghiara, vorbită de un procent chiar ceva mai ridicat, ar fi considerată limbă de stat, alături de română! Tablou aproape idilic, dar pe care statistica îl așază într-o perspectivă istorică oarecum diferită. Spre 1900 suedezii reprezentau peste 14% din populația Finlandei. Era limba vorbită în orașe, limba elitei. Așadar, la capătul unui secol, o cădere de peste 50%, în sens cantitativ și, chiar mai grav, calitativ. Suedeza este vorbită astăzi strict de minoritatea suedeză, concentrată în principal spre granița cu Suedia.

Și România a cunoscut un proces de omogenizare etnică. Potrivit recensământului din 1930, românii reprezentau 71,9% din populația țării (77,9% dacă luăm în considerare doar actualul teritoriu al României, fără Basarabia, Bucovina de Nord și Cadrilater), în 1992 ponderea lor s-a ridicat la 89,5%. Au părăsit țara, în cea mai mare parte, evreii, germanii din Transilvania și Banat, ca și turcii din Dobrogea. Dobrogea a fost un teritoriu multietnic, în care românii erau minoritari la 1878 (când a revenit României); astăzi este aproape complet românizat, cu peste 90% populație românească. Și maghiarii din Transilvania au scăzut procentual: de la 24,4% în 1930 la 21% în prezent. Populația românească a Transilvaniei reprezenta 57,8% în 1930 și 73,6% în 1992. Modificările cele mai sensibile s-au petrecut în mediul citadin, extrem de cosmopolit în România până la al doilea război mondial (și chiar cu majoritate neromânească în teritoriile care aparținuseră Ungariei). Acum, și orașele — cu puține excepții în Transilvania — prezintă un caracter net românesc.

Desigur, în materie de omogenizare sunt metode și metode. Asimilarea culturală, pe termen lung, prin pârghiile sistemului administrativ și educativ (care a reușit atât de bine în Franța), emigrarea mai mult sau mai puțin de bunăvoie a unor grupuri de populație, expulzarea silită și, în sfârșit, genocidul definesc, evident, comportamente distincte. Dacă minoritățile integrate în state naționale au suferit aproape inevitabil o uzură în timp, nici metodele brutale, solicitate să grăbească procesul sau chiar să-l rezolve imediat, nu au fost neglijate în istoria ultimului secol. Purificările etnice „reciproce“ (prin expulzări și masacre) practicate în Bosnia și în Kosovo sunt exemplele europene cele mai recente. „Soluția finală“ îndreptată împotriva evreilor în Germania nazistă (ca și tratamentul similar aplicat țiganilor) oferă ilustrarea cea mai masivă și mai dramatică a metodologiei exterminatoare. Sunt și cazuri evocate în genere mai discret, dar pe care istoricul onest nu le poate trece sub tăcere. Turcia, de pildă, a scăpat mai întâi de armeni (ce s-a întâmplat exact cu ei este subiect de controversă: genocid programat sau deportare cu urmări tragice; cert este că o mulțime au dispărut, începând cu anul 1915, după unele estimări între 600 000 și 800 000); au fugit apoi în fața ofensivei kemaliste din 1922 sau au fost transferați, prin schimb de populație, în Grecia, aproape un milion și jumătate de greci (mai înainte, litoralul Asiei Mici era în bună parte grecesc); au rămas, este drept, kurzii, dar ei nu sunt recunoscuți ca entitate națională, fiind considerați pur și simplu turci. Și astfel, în realitate și încă și mai pe deplin în imaginar, Turcia a devenit omogenă!

Într-o situație asemănătoare cu a kurzilor se află berberii în Africa de Nord: după cifre oficiale — probabil subevaluate — 33% din populația Marocului și 25% din a Algeriei. Acestea se proclamă și sunt percepute drept state arabe, dar mai drept ar fi să le considerăm comunități mixte arabo-berbere. Berberii sunt populația autohtonă; ei s-au opus multă vreme cuceririi arabe și chiar mai târziu au jucat în istorie un rol de prim-plan (în Evul Mediu Marocul a fost timp de câteva secole un regat berber). Punerea în umbră a unei culturi, uitarea ei însoțesc sau anunță asimilarea efectivă.

Schimburile, expulzările sau recuperările unilaterale de populație (asociate presiunilor asimilatoare) au fost frecvente în ultimul secol, o zonă sensibilă dovedindu-se în această privință Europa centrală și sud-estică. În Balcani, culorile, mai amestecate ca oriunde, au ajuns să se separe. Grecia, constituită ca stat în 1829, și extinsă, prin adăugiri succesive, până la 1920, adunase, alături de greci, un număr însemnat de albanezi, turci, aromâni (în munții Pindului), bulgari, slavi macedoneni... În urma tratatului de la Lausanne din 1923 au fost trimiși, la schimb, vreo 400 000 de turci în Asia Mică; au fost expulzați și bulgarii din nordul Greciei. Minoritățile rămase au devenit cu timpul „invizibile". Nu se mai „văd" nici românii de pe malul drept al Dunării, din Bulgaria și mai ales din Serbia (valea Timocului). Asupra turcilor din Bulgaria s-a încercat, în ultimii ani ai regimului comunist, o operație de asimilare; vreo 300 000 dintre ei au părăsit țara. Și din Dobrogea s-a plecat masiv: turci, bulgari, greci, germani... Și astfel, adunându-i pe cei de-un sânge și eliberându-se de ceilalți, națiunile au început să semene cu adevărat a națiuni și să lase impresia că așa sunt de la facerea lumii!

Polonia creată prin sistemul tratatului de la Versailles era departe de a reuni o nație coerentă. Teritoriile răsăritene care, istoricește, îi aparținuseră nu prea făceau corp comun cu restul: erau un amalgam de polonezi, ucraineni, bieloruși, evrei... Numai evreii reprezentau 10% din totalul populației. Prin voia lui Stalin, la sfârșitul celui de-al doilea război mondial, țara a fost deplasată pe harta Europei, într-un fel nu chiar neconvenabil pentru cei în cauză: pierzând problematica jumătate estică, dar primind, în compensație, teritorii germane spre vest. Aceste teritorii au fost, firește, golite de locuitori și colonizate cu polonezi. Polonia a devenit astfel, la rându-i, o națiune omogenă.

Cehia își petrecuse cam toată istoria în imperiul german, apoi austriac. Era o entitate istorico-politică, nu însă și națională. Atât cehii, cât și germanii se aflau aici la ei acasă. În 1910, primii reprezentau 63,4% din populație, ceilalți 35% (locuind compact în zona sudetă, dar prezenți și în restul teritoriului, mai ales la orașe). În 1930, cehii erau 68,4%, germanii 29,5%. În 1950, procentele arătau cu totul altfel: cehii 93,8%, germanii 1,8%! Se petrecuse între timp expulzarea germanilor: trei milioane de oameni alungați din țara care era și a lor. Pentru a fi drepți, să precizăm totuși că germanii dăduseră tonul cu câțiva ani înainte, prin anexarea teritoriilor poloneze și cehe și plănuita lor germanizare.

Toate acestea sunt istorie, și nu se mai pune problema reîntoarcerii lucrurilor. Dar este bine să fie rememorate, pentru ca cel puțin de acum înainte să nu se mai petreacă tot așa. Și este un semnal de alarmă cu privire la primejdia potențială ascunsă în ideologia naționalistă.

Nu există, la drept vorbind, naționalism bun sau rău: ceea ce unii exprimă prin opoziția patriotism–naționalism. Sunt doar grade diferite ale aceluiași sentiment. Și dragostea are grade diferite, manifestări diferite, poate înălța (când „îmbogățește“ și apropie) sau degrada (obsesie, gelozie… până la crimă). Dar tot dragoste este, fundamental același tip de sentiment. La fel și dragostea de propria națiune. La fel și credința religioasă. Marele Inchizitor credea probabil cu aceeași tărie în Dumnezeu ca Maica Tereza. Sunt doar manifestări, diferențiate prin acțiunea unor factori multipli, ale aceleiași ideologii sau aceluiași sentiment. Împărțirea în „specii distincte“, pe lângă deficiența conceptuală în sine, conduce și la o derivă periculoasă: unii se proclamă patrioți, dând vina pe ceilalți că sunt *naționaliști*, așadar unii au dreptate, iar ceilalți pretind mai mult decât le e dreptul. Când se petrece câte-un măcel, dreptate au patrioții, de vină sunt naționaliștii! Fapt este că în cele două secole de istorie națională nici o nație nu s-a dovedit imună la derivele naționaliste. Fiecare și-a avut momentele de febră.

O lume împărțită în națiuni

Începutul — ca toate începuturile moderne — s-a făcut în Occident. Aici se conturează formele clasice ale națiunii, mai nete ca oriunde în restul lumii. Mai întâi, state constituite de multă vreme au absorbit proiectul național, s-au identificat cu el. Printre țările mari, reușita aproape perfectă este a Franței. Spania și, alături de ea, Portugalia au beneficiat în acest sens de o lungă tradiție a statului monarhic, dar mai puțin de atuurile modernității. Anglia, ca și Franța, și, dincolo de Ocean, Statele Unite au pus în evidență formula contractuală, „cetățenească", a construcției naționale. Pe de altă parte, îndeosebi în Marea Britanie și Spania, procesul unificator nu a mers până la anularea unor spații distincte de identitate, înglobate în ansamblul național, dar păstrându-și potențialul de manifestare independentă (Scoția, Catalonia). Exceptând cazul Franței, țară catolică, unde rolul factorului politic a fost primordial, protestantismul a favorizat pretutindeni evoluția spre națiune: traducerea Bibliei în limbile respective, circulația ei în toate categoriile sociale și în consecință alfabetizarea timpurie a „maselor" au netezit procesul de unificare lingvistică, culturală și, într-o anumită măsură, socială. Este, firește, cazul marilor națiuni:

Anglia, Germania, dar și al micilor țări protestante: Olanda, Danemarca, Suedia, sau, în felul ei, Scoția (una dintre primele țări aproape complet alfabetizate din Europa, ceea ce poate explica și remarcabila prezență a scoțienilor în viața culturală, științifică și politică britanică, cu mult peste ponderea demografică efectivă). De altfel, în genere, citirea Bibliei și consecința sa, alfabetizarea, îmi par a fi jucat un rol esențial în deplasarea spre nordul protestant a axei de civilizație a Europei moderne (poate chiar mai mult decât dogma „predestinării" invocată de Max Weber ca ferment al capitalismului).

Dacă unele state și-au inventat națiunile, alte națiuni au trebuit să-și inventeze statele. Națiunea germană s-a constituit pornind de la o stare de fărâmițare politică, dublată însă și atenuată de o conștiință tot mai bine conturată a identității culturale. Italia prezintă un caz oarecum asemănător, dar cu o identitate de ansamblu mai puțin ferm definită, și mai sensibil contracarată de vitalitatea identităților regionale. Prin puritatea proiectelor, reușita lor și influența exercitată, Franța și Germania au oferit lumii cele două variante caracteristice: modelul contractual-politic și modelul etnic-cultural (cel din urmă sortit unei expansiuni remarcabile, mai ales în Europa centrală și sud-estică).

În restul continentului, lucrurile s-au amestecat și s-au complicat. Națiunea se așază aici doar parțial pe terenul efectiv al unei modernități mai mult sau mai puțin întârziate (societăți pronunțat rurale, fără o clasă burgheză consistentă — singura excepție notabilă fiind Cehia, care devine nucleul economic al monarhiei habsburgice). În bună măsură asistăm la receptarea unei ideologii deja constituite.

În plus, pe același teren, se petrece o confruntare între statele multietnice și etniile aspirând la statutul de națiuni. Cele dintâi, așezându-se la ora istoriei, încep să manifeste un comportament național, vizând, cu alte cuvinte, omogenizarea spațiului politico-cultural. „Moda“ se schimbase, iar modernitatea își avea exigențele ei, altele decât ale vechilor conglomerate teritoriale: pe termen lung, în perspectiva unei evoluții „ideale“, statele de tip imperial ar fi devenit state naționale. Noua orientare a provocat reacția comunităților care s-au simțit amenințate. Le-a lipsit imperiilor forța și abilitatea, dar și timpul, pentru a-și transforma mozaicul cultural în structuri de factură națională. Au eșuat acolo unde Franța sau Elveția, fiecare în felul său — prin centralism sau federalism —, reușiseră atât de bine.

Primejdia contopirii în masa germanică a suscitat slavismul ideologic al cehilor, sentiment care nu îi animase până atunci; panslavismul, mizând pe o Rusie atât de îndepărtată cultural și atât de primejdioasă potențial, a fost o invenție cehă (de înțeles, ca mijloc de apărare). Și mai puternic a fost resimțită tendința de maghiarizare, progresiv agravată în Ungaria după 1867; ea nu putea să ducă până la urmă decât la triumful unei Ungarii unitare sau la spargerea ei în bucăți. Recordul în materie, ca în toate manifestările de autoritate, l-a deținut Rusia, unde rusificarea a făcut progrese semnificative. Toate acestea erau însă sortite eșecului, fiind în fond jumătăți de măsură, mai blânde sau mai agresive. O comunitate, conștientă de propria-i identitate, nu are cum să dispară decât prin exterminare fizică (metoda nazistă) sau prin progresivă asimilare culturală (metoda franceză). Altminteri, presiunile și hărțuielile sfârșesc prin a avea exact efectul contrar celui scontat: consolidează coeziunea grupului amenințat și sentimentul său de identitate. Altă cale de anulare a Celuilalt decât nimicirea sau seducția nu există. Or, Imperiile nu s-au dovedit nici suficient de brutale (nu venise încă vremea exterminării planificate, a purificării etnice), nici suficient de convingătoare. Trebuiau să piardă...

Cazul cel mai interesant este al Austro-Ungariei, fiindcă ilustrează, față-n față, principalele soluții demne de a fi luate în considerare. Nostalgia defunctului imperiu este astăzi la modă. Unii văd în acest mare stat central-european soluția eșuată, dar demnă de rememorat, a depășirii naționalismelor, a unei formule de cosmopolitism european. În statele succesoare însă, imaginea unei „închisori a popoarelor" se păstrează încă vie. Ambele abordări sunt în egală măsură ideologizate și mitologizate. Mai întâi, există o Austro-Ungarie doar privită din afară; în interior apar două țări: Austria și Ungaria. Ce model invocăm: austriac sau maghiar? Ungaria de la 1867 s-a definit ca stat național unitar. În sens politic, orice altă identitate a fost anulată. Toate autonomiile au dispărut. În mod legal, partidele nu se puteau organiza pe baze etnice. Votul universal nu s-a aplicat nicicând, fiindcă ar fi adus în Parlament o masă prea mare de „minoritari". Un asemenea stat și-a săpat singur groapa și nu este prea rezonabil să mai fie invocat astăzi ca model. De precizat însă că proiectul teoretic de maghiarizare nu s-a putut traduce decât foarte modest în termenii unei maghiarizări efective. Cum să asimilezi — și în timp scurt (totul nu a durat decât o jumătate de secol)! — segmente naționale atât de diverse, instalate pe teritorii proprii și care înglobau cam jumătate din populație? Și toate acestea nu într-un sistem de tip nazist sau stalinist, ci într-un stat constituțional cu structuri politice departe de idealul democratic, dar totuși liberale. Cum să asimilezi trei milioane de români, așezați compact în apropierea graniței cu România, dispunând de o rețea densă de școli proprii (mai puțin de o universitate, sistematic refuzată de autoritățile de la Budapesta), de o presă românească, și reprezentați de două biserici naționale: ortodoxă și greco-catolică, foarte combative. Radicalismul proiectului, mai mult decât consecințele lui reale, a exasperat antagonismele naționale.

Austria se prezenta însă altfel, și vreme de cincizeci de ani distanța nu a încetat să crească între cele două părți ale monarhiei. Nu avea ambiția unui stat unitar. Se menținuse ca un conglomerat de provincii, de „țări istorice" (precum Boemia, Galiția, Bucovina...), fiecare dispunând de un anume grad de autonomie. Elitele locale, indiferent de naționalitate, erau atrase la administrarea treburilor publice. Se înțelege că germanii se prezentau ceva „mai egali" decât ceilalți: inima imperiului era germană, iar limba germană și cultura germană reprezentau un liant necesar. Era o soluție intermediară, nu chiar federativă, dar susceptibilă să conducă la o federație autentică. Legiferarea votului universal în 1907 a adâncit deosebirea față de Ungaria. Germanii deveneau acum minoritari în instituțiile reprezentative ale statului. Austria nu era, firește, o construcție ideală, dar prefigura un model posibil și tentant, altul decât modelul german al purității etnice sau modelul asimilator francez. Dintre toate modelele de la 1900, ni se înfățișează astăzi ca cel mai aproape — deși încă destul de departe — de spiritul unei viitoare Europe confederate.

Primul război mondial a pus capăt dublului experiment austro-ungar (concomitent cu dezmembrarea parțială a Imperiului rus și cu sfârșitul Imperiului Otoman). Soluția aceasta nu era înscrisă în stele, a fost rezultatul unei conjuncturi. Este greu de spus ce s-ar fi întâmplat fără criza provocată de război și îndeosebi de înfrângerea finală. O evoluție spre un sistem democratic și federalist? Cine știe? Mai ușor de imaginat în Austria decât în Ungaria. Cert este că structurile supranaționale s-au prăbușit și a rămas ca Europa să-și inventeze state naționale. A fost momentul triumfului ideologiei naționale. Dar și momentul adevărului.

Decuparea Europei în națiuni punea mai întâi problema definirii acestora. Care sunt națiunile și care este teritoriul cuvenit fiecăreia? Drepturile naționale invocate din toate părțile se suprapuneau. Argumentele istorice și etnico-lingvistice se combinau în fel și chip, potrivit intereselor specifice. Se adăugau și considerații geostrategice, cu totul în afara problematicii naționale. Și peste toate, tratarea, evident diferențiată, a învingătorilor și învinșilor. Iar sub marile principii, ca întotdeauna, interesele urmărite, jocurile de putere. Din toate acestea a ieșit ceea ce putea să iasă: un decupaj în multe privințe contestabil chiar din punctul de vedere al ideologiei naționale care l-a promovat.

Printre statele succesoare, România se prezintă ca un caz oarecum aparte. Și ea a fost făcută din bucăți, distincte prin istoria, profilul lor cultural și dozajul etnic. Între o Basarabie marcată cultural de influența rusă și cu o minoritate slavă destul de importantă și o Transilvanie, parte a Europei Centrale, cu români trăind alături de maghiari și germani, deosebirea nu era nesemnificativă. Mozaicul acesta teritorial ar fi putut îndemna la o soluție federală; s-a preferat însă modelul francez al centralizării (funcționând deja în mica Românie dinainte de 1918), tocmai pentru a se cimenta segmentele unui ansamblu neuniform. Ceea ce reunea însă acest spațiu, atât de diversificat în multe privințe, era elementul etnic românesc, majoritar în toate provinciile. România s-a suprapus astfel, nu perfect desigur, dar în mare măsură, peste harta etnografică a românilor (cu unele renunțări, dar și cu depășiri, justificate prin dreptul istoric: Basarabia întreagă, Bucovina întreagă..., ca și prin siguranța frontierelor). Stat național relativ coerent de la început, și devenit și mai coerent pe parcurs, România s-a putut menține, în ciuda unor pierderi teritoriale, în timp ce celelalte state succesoare — soluții pronunțat artificiale — au trecut prin restructurări dramatice și chiar s-au prăbușit.

Această relativă reușită a proiectului național românesc face dificilă în România discutarea deschisă, fără prejudecăți, a fenomenului național în sine. Se manifestă sensibilități specifice acolo unde este vorba de o chestiune mult mai generală. Nu folosește la nimic să fii sănătos dacă stai pe un butoi cu pulbere. Sistemul național poate funcționa foarte bine în România, întrebarea este cum funcționează în preajma României și în restul lumii. Oricât de stabilă ar fi o țară, vârtejurile din jur pot s-o înghită. Trebuie să recunoaștem, chiar dacă procesul a fost avantajos pentru România, că supralicitarea națională și contradicțiile proprii noilor configurații au împins lumea într-o fază periculoasă.

Invenția cu deosebire curioasă rezultată în urma primului război mondial, prin aparenta aplicare a principiului național, a fost Cehoslovacia, structură politică întru nimic mai coerent națională decât fusese Austro-Ungaria. Ea se axa pe ideea unui mariaj firesc între cehi și slovaci (popoare vorbind limbi apropiate, dar sensibil diferite prin istorie și cultură), unire care până la urmă a generat mai mult animozități decât înfrățire. Apoi, cehii și slovacii adunau teritorii care puteau să aibă o unitate istorică, dar etnică nu o aveau, cu siguranță: zona germană a Sudeților spre vest, Ucraina subcarpatică la răsărit și, în sudul Slovaciei, o regiune predominant maghiară. În acest ultim caz s-a aplicat criteriul frontierelor naturale; doar că frontiera slovacă la Dunăre nu corespundea și unei frontiere etnice, maghiarii fiind majoritari, pe o anumită porțiune, și la nord de fluviu. Se află aici un motiv de discordie între slovaci și maghiari, care înveninează și astăzi raporturile. Din toate aceste combinații, cel puțin contestabile, au decurs urmările bine cunoscute: dezmembrarea țării în 1938–1939, protectoratul german asupra Boemiei și crearea în paralel a unui stat slovac distinct, reunificarea la sfârșitul războiului, cu pierderea Ucrainei subcarpatice (anexată de Uniunea Sovietică) dar și cu expulzarea germanilor din Sudeți, și, în sfârșit, în 1993, separarea

Slovaciei de Cehia, așadar sfârșitul Cehoslovaciei. Și astfel, până la urmă, prin eliminarea germanilor, prin detașarea ucrainenilor, și prin împărțirea finală a teritoriului, un stat în fapt multinațional a sfârșit prin a genera două state naționale.

Iugoslavia a avut, cum se știe, o evoluție și mai dramatică. Ar fi putut fi, teoretic, o construcție destul de coerentă: stat al slavilor sudici, atât de apropiați prin limbă (principalele componente, sârbii și croații, vorbind o limbă considerată comună). Minoritățile, cu o pondere limitată: maghiari, români și germani în Voivodina, albanezi în sud, nu păreau de natură să o afecteze. Conflictul a pornit chiar din familie, între croați și sârbi mai întâi (încă din perioada interbelică, intensificat în vremea războiului), iar mai recent i-a antrenat și pe ceilalți. Iluzia lingvistică s-a dovedit dezastruoasă. Slavii sudici puteau vorbi aceeași limbă sau limbi asemănătoare, dar în rest aveau prea puțin în comun unii cu alții: sârbii ortodocși și balcanici, croații catolici, cu o evoluție istorică în ansamblul ungar, slovenii apropiați de austrieci, și, în plus, în Bosnia, comunitatea musulmană. După 1990, fiecare a devenit adversar al celorlalți. Revendicările albanezilor din Kosovo au introdus o complicație în plus. Și Voivodina se frământă, o provincie mai curând multinațională decât pur sârbească, cu procentul ei destul de ridicat de maghiari (alături de români și de alte grupuri etnice). Nenorocirea este că nu se întrevede o soluție. Cum poate ființa Bosnia ca stat de sine stătător cu trei comunități care se urăsc, și din care două, sârbii și croații, vor privi în mod firesc spre conaționalii lor din statele vecine? Cum se vor putea împăca, după atâtea masacre, sârbii și albanezii din Kosovo? E sigur că Austro-Ungaria arăta mai rău? Iugoslavia este expresia ultimă, în plan european, a consecințelor tragice la care poate conduce ideologia națională. Nu înseamnă că națiunea, ca ideal, trebuie judecată — și în acest caz inevitabil condamnată — după degradarea iugoslavă. Dar nici invers, fermecați de ideal și liniștiți de unele soluții reușite, să închidem ochii la derivele naționaliste, la potențialul conflictual ale unei mitologii pentru care „celălalt" contează prea puțin și uneori se cere pur și simplu eliminat.

O dată cucerită Europa (și Occidentul în genere, inclusiv America), națiunea a pornit la asaltul lumii. Lesne de înțeles. Ce altă formă politică ar fi putut îmbrăca o modernitate, dacă nu efectivă, cel puțin de imitație? Cazul limită — dar foarte reprezentativ, tocmai prin artificialitatea sa, pentru logica procesului național — este cel african. În Africa, occidentalii nu s-au gândit nici un moment să prelungească sistemul național european. Nici vorbă de națiuni, nici vorbă până la urmă de oameni. În vremea colonizării, negrii apăreau ca o specie umană inferioară. Istoria lor, cultura lor, etniile existente nu îi preocupau pe colonizatori. Ei au tăiat frontierele fără să țină seama de alcătuiri umane. Țările inventate de europeni au devenit națiuni în urma procesului de decolonizare. Metodologia nu este în esență diferită. Națiunile sunt *inventate* în Africa, așa cum au fost și în Europa. Doar că în Africa invenția a fost și mai artificială. Aici, viața efectivă se desfășoară încă la nivelul comunităților restrânse. Orice „stat național" african se prezintă astfel ca un mozaic extrem de complicat. Sub structurile superficiale care acoperă ansamblul rămâne realitatea tribală. Forțarea unității și inevitabila preeminență a unora asupra altora au generat conduceri tiranice și nesfârșite și sângeroase conflicte. Africa este o „super-Bosnie" sau un „super-Kosovo", chiar dacă depărtarea și exotismul mai atenuează aceste cumplite realități în ochii europenilor. Și totuși, altceva decât proiectul național, cu greu s-ar fi putut imagina. Poate fi concepută întoarcerea la o divizare tribală? Sau căutată, totuși, armonizarea — cât de dificilă însă! — între nivelul tribal și al culturilor distincte și proiectul național?

În Nigeria, cel mai populat stat african, sunt trei mari grupuri lingvistice, concentrate în nord, răsărit și apus; se vorbesc însă în total peste două sute de limbi. Din acest amalgam, se încearcă fabricarea unei națiuni. Austro-Ungaria arăta ceva mai simplu. De ce n-ar fi devenit o națiune, dacă Nigeria are șanse să devină (dar are cu adevărat?). Peste tot, administrația și școala sunt puse la lucru. Istoria, de asemenea. Națiunile africane, o dată constituite, și-au anexat și un trecut. Întocmai ca europenii, doar că în Africa structurile și continuitățile politice anterioare colonialismului sunt cu totul evanescente. Ca și națiunile, istoria națiunilor africane este încă și mai inventată decât cea europeană. Se caută îndeosebi așezarea unor punți care să facă legătura cu perioada anterioară colonizării. Actualele națiuni, departe de a fi creații europene, ar continua structuri istorice mai vechi. Așa devine Sudanul francez, în 1959, Mali, în amintirea unui imperiu medieval cu acest nume („Cimentată de istorie — citim într-o prezentare a acestei țări — conștiința maliană este o realitate, fondată pe convingerea colectivă de a aparține unei națiuni a cărei vârstă și întindere depășește cu mult frontierele moștenite de la colonialism." Urmează elogiul imperiului Mali: civilizație evoluată și originală, bună administrație, coeziune etnică, pentru a se conchide: „Din această unitate populară a ieșit statul Mali modern: un popor — un țel — o credință")[1]. Și Coasta de Aur a portughezilor, stăpânită apoi de englezi, devine în 1957 Ghana, nume împrumutat de la o alcătuire politică ce-și încheiase existența în secolul al XI-lea. Cu privire la Nigeria, iată ce-mi răspunde un distins istoric din această țară, E. J. Alagoa: „Istoricii au stat mereu în prima linie a luptei pentru unitate națională. Au construit în mod deliberat o istorie menită să înlocuiască ideea colonială britanică potrivit căreia Nigeria ar fi fost mai curând o «expresie geografică». Nigeria, ca unitate, a fost într-adevăr în mod conștient proiectată în trecut, și învățată astfel în școli."

Complexitatea aceasta excesivă nu este apanajul exclusiv al Africii (chiar dacă aici forțele centrifuge sunt mai active ca oriunde). Și în India se vorbesc câteva mii de limbi (!), dintre care 15 oficiale (plus engleza) și se manifestă în unele regiuni tendințe separatiste (uneori chiar armate). Avantajul Indiei — în măsură să atenueze această uluitoare diversitate — este o veche istorie, un sistem federal destul de suplu și o ideologie națională, dispunând

[1] Guimbala Diakite, *Un peuple, une nation: le Mali*, Paris, 1990.

de o anume tradiție și coerență, care și-a trecut probele în confruntarea cu colonialismul britanic. Alt mozaic este Indonezia (succesoare a Indiilor olandeze), care se pretinde stat național unitar și pune un accent deosebit pe naționalism; în fapt reunește sute de grupuri etnice, limbi și dialecte, ca și tradiții istorice și culturale foarte diferite. Islamismul (aproape 90% din numărul locuitorilor) reprezintă într-adevăr un liant, dar nici creștinii, îndeosebi catolici, nu sunt puțini (cam o zecime din populație), iar disensiunile se manifestă și pe teren religios.

Lumea întreagă a fost câștigată. Este astăzi o lume de națiuni, de state naționale. Cel puțin cu numele. Fiindcă națiunile nu seamănă unele cu altele. Ceea ce le apropie — și le separă — este condiția lor de entități distincte. În rest, suveranitatea poporului, contractul social, legăturile istorice și de cultură, să nu pretindem oricărei caste conducătoare asemenea preocupări filozofice. În „lumea a treia" conceptul se dovedește adesea a fi un simplu instrument de putere, în slujba unei coeziuni mai mult sau mai puțin forțate și a dominației de grup. Asemenea națiuni pot exploda oricând, fiindcă înglobează în ele alte națiuni potențiale.

Unde va fi următoarea Iugoslavie? Pe lângă construcțiile politice improvizate, din lumea a treia, coloși precum Rusia sau China pot rezerva surprize, cu consecințe planetare pe măsură. Istoria Chinei este o succesiune nesfârșită de dezmembrări și unificări. Va fi reușit comunismul, aliat cu naționalismul, să descopere formula unei Chine eterne? Întrebarea, până la urmă, aceasta rămâne: se pot transforma imperiile în națiuni? („imperiu", indiferent de întindere, în sensul de stat compozit). Sau, mai devreme ori mai târziu, vor exploda? Sau, în sfârșit, se va ieși din logica strictă a națiunii, spre sinteze mai suple și mai dispuse a recunoaște individualitatea fiecăruia?

„Deutschland über alles“: avatarurile modelului german

În colecția de mitologii politice ale ultimului secol, Germania prezintă cazul cu totul particular al unei dramatice prăbușiri de imagine.

A fost în secolul al XIX-lea unul din cele două mari modele ale redefinirii naționale a lumii. Model nu numai teoretic, dar confirmat printr-o excepțională reușită: ilustrare a ceea ce poate înfăptui o națiune unită și conștientă de forța sa. Spre 1900, Germania era țara marii industrii, avea cea mai puternică armată, dar și cele mai renumite universități și cele mai multe premii Nobel. Mai conservatoare poate decât Franța — modelul concurent — dar și acest refuz al aventurilor ideologice și sociale era parte a modelului, considerat de partizanii săi mai solid decât cel francez. De altfel, nici Franța nu era atât de democratică, ci mai curând conflictuală și instabilă; nici împușcarea comunarzilor, nici bonapartista tentativă a generalului Boulanger, nici afacerea Dreyfus nu pot fi considerate simptome de democrație împlinită. Dimpotrivă, în ce privește statul și națiunea, sistemul francez era deosebit de rigid: centralizarea „iacobină“ a unei țări conduse până în cele mai mici detalii de la Paris. Germania, ca urmare inevitabilă a unei istorii și a unei stări de fapt care nu puteau fi anulate, s-a organizat sub forma unui stat federal (dominat de Prusia, dar păstrând identitatea țărilor componente). Și în această privință: centralism sau federalism, cele două modele erau divergente.

Firește, în unele privințe Germania era mai tradiționalistă, în altele însă mai modernă. Marea industrie generase o clasă muncitoare numeroasă și organizată. Conservatoarea Germanie avea totuși cea mai puternică mișcare socialistă din lume (și o mișcare socialistă inovatoare și în plan teoretic, care a știut să se distanțeze de utopia marxistă). Era și țara care îi integrase destul de bine pe evrei; nimic nu prevestea virulentul antisemitism nazist; Rusia și Polonia erau incomparabil mai atinse de atitudini antisemite, și chiar în Franța unele manifestări de acest gen (celebra afacere Dreyfus, dar nu numai) au fost mai virulente decât în Germania. Firește, naționalismul german se manifesta din plin, uneori cu note agresive. Dar așa se prezenta naționalismul în Europa cam peste tot (ca să nu mai vorbim de comportamentul europenilor în afara Europei). Germania a devenit la un moment dat mai vinovată, fiindcă era mai puternică, așadar capabilă în mai mare măsură de acte de forță, și nu fiindcă naționalismul ei ar fi fost de esență diferită, mai „rău“ decât al altora. Este drept, teoria germană a națiunii privilegia legăturile de sânge. Ea avea un potențial rasist. Era însă interpretarea privilegiată în epocă de numeroase ideologii naționale și, conștient sau inconștient, exprimată și astăzi (pentru mulți români, de pildă, națiunea română este a celor care au „sânge românesc“; de aici, atitudinea discriminatorie a unora față de maghiari, țigani … și chiar considerarea dinastiei ca fiind neromânească, tot din cauza „sângelui").

Totul a basculat o dată cu 1914. Vina principală pentru declanșarea războiului a aparținut Germaniei, dar într-un sens bine definit: acela că nimeni n-ar fi îndrăznit să atace Germania, mult mai puternică în raport cu oricare dintre statele europene. Cu alte cuvinte, Germania trebuia să hotărască: pace sau război? Și a ales războiul. Altminteri, toată lumea (vreau să spun „clasa politică europeană") dorea o confruntare: nici ceilalți nu erau mai pașnici decât germanii, erau doar mai slabi sau mai puțin pregătiți, și în consecință mai prudenți. Într-un fel, cu toții, la fel de inconștienți, au răsuflat ușurați când a început războiul, aparent singura soluție susceptibilă să rezolve un ghem tot mai încâlcit de contradicții.

Apoi, pentru germani toate s-au ținut lanț: înfrângerea din 1918, criza economică și mai ales de identitate care a urmat, aberația nazistă, cel de-al doilea război și prăbușirea din 1945. Două înfrângeri în războaie pentru care porți o bună parte de vină și un regim execrabil precum cel nazist nu sunt argumente în măsură să promoveze o imagine agreabilă. Dar această „înnegrire", provocată de o perioadă scurtă și violentă din istoria Germaniei, a afectat ansamblul interpretărilor privitoare la această țară, la „drumul german" prin istorie. Totul a devenit diferit, suspect, purtător de primejdii. Ceea ce nu este corect ca interpretare, nici echitabil ca atitudine.

Să zăbovim asupra unui exemplu, oarecum anecdotic, dar deloc lipsit de semnificație, dat fiind că, în colecția de simboluri naționale, imnul fiecărei națiuni ocupă un loc privilegiat. Imnul german, prea bine cunoscutul *Deutschland über alles* (la origine o poezie a lui August Heinrich Hoffmann von Fallersleben, *Das Lied der Deutschen*, „Cântecul germanilor“, adaptată în 1841 unei melodii mai vechi), a cunoscut o denaturare cu totul remarcabilă de sens. Aproape s-a generalizat ideea că „Deutschland über alles“ ar însemna pur și simplu, spus direct și cinic, „Germania deasupra tuturor“, când de fapt sensul de netăgăduit este „Germania mai presus de orice“ sau „mai întâi de toate“. Nu un îndemn la expansiune, ci exprimarea sentimentului absolut banal care definește orice ideologie națională, acela al supremației națiunii asupra oricăror altor valori sau interese. Și pentru patriotul francez, Franța este mai presus de orice, și România mai presus de orice pentru român. Ce contează, naționalismul german a devenit suspect (poate că totuși cuvintele ascund ceva, au dublu sens...), așa că strofa, prima strofă a compoziției, ca și a doua de altfel, a fost eliminată (intonându-se astăzi imnul doar pe cuvintele ultimei strofe). Ce altceva mai spune textul incriminat? El trasează limitele spațiului german, în termeni care nu cuprind nici o exagerare flagrantă, raportați la datele secolului al XIX-lea (inclusiv austriecii fiind tratați ca germani, cu totul natural: ei nu au ieșit de bunăvoie din Germania, ci au fost dați afară de Prusia, când aceasta a înfăptuit unitatea germană sub patronajul ei.). Așadar,

> „Von der Maas bis an die Memel,
> Von der Etsch bis an den Belt“,

ceea ce, în traducere, înseamnă de la Meuse (Maas) — fluviul care, paralel cu Rinul, mărginește spre vest teritoriul german — la Memel, orașul ultim din Prusia orientală (detașat de Germania prin pacea de la Versailles, încorporat Lituaniei în 1923), și de la Adige, fluviul care străbate Tirolul de Sud — revenit Italiei în urma primului război, dar cu majoritate germană și astăzi — la strâmtoarea Belt, din dreptul provinciei Schleswig, teritoriu disputat între Germania și Danemarca. Este o formulă de încadrare, deloc scandaloasă în epocă (astăzi desigur nu mai corespunde, fiindcă Germania „s-a micșorat"), asemănătoare cu mai succinta sintagmă românească: „De la Nistru pân'la Tisa". Și ce mai zice cântecul? Enumeră valorile naționale tipice, care ar fi:

„Deutsche Frauen, deutsche Treue,
Deutscher Wein und deutscher Sang",

pe românește: „femeile germane, credința germană, vinul german și cântul german".

Această poezioară, de un naționalism idilic, fără zăngănit de arme (departe ca ton de înverșunarea din *Doina* lui Eminescu), a ajuns să fie considerată un soi de monstruozitate! În schimb, imnul Franței, „La Marseillaise", este perceput ca un cânt al libertății, democrației și demnității umane. Pe alocuri el sună cam așa:

„Entendez-vous dans les campagnes
Mugir ces féroces soldats?
Ils viennent jusque dans nos bras
Egorger nos fils, nos compagnes!
… …
Marchons! Marchons!

Qu'un sang impur
Abreuve nos sillons!"

(„Auziți, în câmpii, cum mugesc acești sălbatici soldați? Ei vin până în brațele noastre, să ne ucidă fiii și soțiile!... Să mărșăluim, să mărșăluim, pentru ca un sânge necurat să ne adape brazdele!")

Este, evident, la origine, un cântec de război. Nimeni nu-i va reproșa lui Rouget de Lisle că în primăvara anului 1792, când Franța era invadată, a înțeles să-și electrizeze compatrioții cu asemenea cuvinte. Problema este însă că ceea ce s-a numit mai întâi „Cântecul de război al armatei de la Rin" a devenit imnul Franței, imnul unei mari națiuni moderne, al unei națiuni far. În ultimii ani au circulat vorbe că s-ar pregăti o remaniere a textului. Și asta ar fi stupid. Cum să cenzurezi „La Marseillaise", o luăm așa cum este, ne-am obișnuit cu ea și nu e nici o supărare! Singura supărare stă în folosirea unor unități de măsură cam prea diferite. La o lectură fără prejudecăți, „Deutschland über alles" este un imn incomparabil mai „cuminte" decât „La Marseillaise". Dar asta înseamnă într-un caz valorizarea unei imagini (Franța generoasă), iar în celălalt pierderea de imagine (Germania agresivă).

Până și politica lui Hitler, ieșită din comun prin metodele extreme puse în lucru și prin consecințe, se așază în epoca ei pe un teren care nu este exclusiv german. S-a auzit adesea întrebarea cum de au cedat atât de ușor democrațiile occidentale, garante ale păcii și ale sistemului de la Versailles, în fața șantajului nazist (până în 1939). A fost, desigur, în bună măsură, dorința de pace, lipsa de entuziasm în fața unui nou război conferind agresorului un avantaj inițial. Dar a mai fost ceva. Occidentalii nu erau chiar convinși că împărțiseră dreptatea în chip indiscutabil. Din punctul de vedere strict al decupajului național, proclamat ca principiu fundamental la încheierea războiului, Germania, indiferent de persoana lui Hitler, își avea frustrările ei justificate (care, de fapt, i-au și permis lui Hitler să ajungă la putere și apoi, sub lozinca apărării națiunii germane, să desfășoare o acțiune care viza mult mai departe). Atunci când se creaseră „state naționale" din bucăți disparate (și am putut constata că ele s-au prăbușit nu doar în urma agresiunii naziste; nu au rezistat propriilor lor contradicții, nu au rezistat până la urmă istoriei), tratarea pe criterii inverse a Germaniei nu putea genera decât o reacție naționalistă. S-a mers până la tentativele franceze de desprindere a Renaniei (vechiul obiectiv al Franței). Din punctul de vedere german al națiunii, germanii din Sudeți nu aveau ce căuta în Cehoslovacia (problema s-a rezolvat până la urmă prin alungarea lor, dar nu la o asemenea soluție se gândeau naționaliștii germani). Cazul austriac nu era încă clarificat: Austria părăsise Germania în urma unor conjuncturi istorice și mai mult obligată; acum, eliberată de povara fostului ei imperiu, de ce nu ar fi revenit în comunitatea germană? O aplicare strictă a principiului național, în orice caz în varianta lui germană, ar fi putut duce la o Germanie mai mare și mai puternică în urma înfrângerii din 1918 decât înainte! Absurd, firește, în termeni de politică europeană. Dar apărea o contradicție între proclamatul principiu al naționalităților și combinațiile imaginate de învingători pentru garantarea echilibrului european (în primul rând prin diminuarea Germaniei). Hitler, în 1938–1939, nu a pretins decât ca toți germanii să fie lăsați să trăiască laolaltă. Pe un principiu similar se construiseră și alte state europene. Din punct de vedere național și cultural nu era mai puțin justificată o Germanie oricât de mare decât o Iugoslavie. Era mai puțin oportună politic..., dar faptul că Germania ar fi devenit prea puternică însemna invocarea unui motiv de cu totul altă natură. Până la urmă s-a cedat în fața unor argumente care își aveau logica lor, conforme cu doctrina națională invocată în epocă.

Obiectivul următor al lui Hitler — țelul său fundamental, rezolvarea problemei germane nefiind decât prima etapă — a fost crearea unui întins imperiu. O asemenea extindere a proiectului depășea cu mult naționalismul german tradițional, preocupat strict de adunarea laolaltă a teritoriilor germane, a *tuturor* teritoriilor germane. (De remarcat însă că în întreaga Europă Centrală și de Est existau „insule" germane, urmare a unei îndelungate colonizări începută în Evul Mediu și încheiată în secolul al XIX-lea: din Ungaria, Transilvania și Banat până în țările baltice și, mai departe, în Rusia, până pe Volga. Ele cuprindeau peste trei milioane de etnici germani, în ajunul celui de-al doilea război mondial. Avangardă a unei expansiuni de mai mare amploare? Până la urmă, colonizare „pierdută", spre deosebire de colonizările extra-europene reușite ale altor mari puteri: Spania, Anglia...) Dar nici acest gen de expansiune nu a fost singular, și nu poate fi reproșat doar Germaniei. Franța îl practicase cu un secol în urmă, sub Napoleon. Rusia îl urmărea constant, de la Petru cel

Mare, și chiar mai dinainte: imensul imperiu rus este rezultatul palpabil al unei politici consecvente. Anglia și Franța, chiar și unele țări vest-europene mai mici, găsiseră teren aproape nemărginit de expansiune în spațiile extra-europene. Febra generalizată a coloniilor (și sentimentul unei rămâneri în urmă la acest capitol) a atârnat greu în decizia Germaniei de a face război în 1914. Și Statele Unite sunt rezultatul unei expansiuni. Expansionismul, ca și naționalismul, de altfel strâns legate, aparțin unei stări de spirit, și nu sunt proprii Germaniei. Față de Germania wilhelmiană, obsedată de modelul imperial englez, dominant în epocă, acela al unui sistem colonial, Hitler, în condițiile declinului Angliei și ascensiunii Statelor Unite la rang de primă putere, a optat pentru un model de factura celui american.[1] Cu alte cuvinte, nu un imperiu colonial, ci un cât mai amplu imperiu continental.

De fapt, privind în ansamblu problematica epocii, cei trei agresori (Germania, Japonia și Italia) nu au făcut decât să forțeze aplicarea, și în interesul lor, a unor modele imperiale practicate deja de multă vreme de puterile care porniseră mai repede la drum: soluția continentală (Statele Unite și Rusia), soluția colonială (Anglia și Franța). Germania a preferat-o pe prima, Japonia pe cea de-a doua, în timp ce Italia a încercat un sistem mixt, continental-colonial (invocând antica stăpânire mediteraneeană a Romei). Modelul colonial nu era integrator în sensul național al termenului; el ignora totodată potențialul național al

[1] Datorez prietenului meu american Philip Eidelberg unele sugestii privitoare la receptarea hitleristă a „modelului american".

unor culturi considerate de rang inferior. Modelul continental aspira însă la omogenizare în beneficiul unei culturi dominante, asumându-și așadar o misiune națională. Imperiile sunt totuși alcătuiri prea mari și prea complexe pentru îndeplinirea perfectă a unei asemenea misiuni. Și în Statele Unite s-au păstrat culori și nuanțe de tot felul, țara nu a devenit în totalitate anglo-saxonă și protestantă, așa cum arăta la început „modelul ideal". Nici rusificarea practicată în Rusia nu a putut merge până la capăt. Așa stând lucrurile, curățirea etnică a teritoriului putea într-adevăr să tenteze... Se adăuga, în cazul Germaniei, principiul pur rasist: nu germanizarea celorlalți, ci spațiu liber pentru coloniștii germani.

Cert este că sunt pasaje în scrierile lui Hitler din care rezultă admirația lui pentru America, inclusiv pentru elitismul rasial al unei țări edificate de o elită nordică. Misiunea dictatorului nazist era cu siguranță mai grea. Statele Unite se extinseseră pe seama unor comunități dispersate și primitive de indieni, pe când germanii aveau în față populații dense și state constituite. Oricum, acesta a fost proiectul, care, materializat, ar fi însemnat o construcție politică împinsă până departe, peste Polonia, în stepele rusești, teritorii golite de populația lor (prin expulzare sau exterminare) și colonizate cu germani. Doar o asemenea Germanie, și nu „marea" dar totuși mica, la scară planetară, Germanie înfăptuită de Bismarck, ar fi putut concura, la egal, cu Statele Unite ale Americii. Ar fi fost în plus, spre deosebire de America, o mare comunitate etnic omogenă, reunind indivizi de aceeași rasă. Nebunesc proiect, firește, și criminal pe deasupra. Prins însă într-un sistem ideologic și de reprezentări care, încă o dată, nu este exclusiv german (chiar dacă împins de Hitler la extrem), ci a aparținut unei lumi și unei epoci. Naționalism, expansionism, elitism, rasism — aceasta a fost lumea modernă (care până la urmă nu putea să nu genereze și un caz extravagant ca Hitler). Anihilându-i pe indieni, America a reușit acolo unde Hitler a eșuat. Și tot în Statele Unite, legi rasiale (discriminatorii nu la adresa evreilor, dar a negrilor) se mențineau nu numai în vremea lui Roosevelt, contemporanul și adversarul lui Hitler, dar încă vreo două decenii și după război (în ciuda universalei denunțări a rasismului nazist). Cât despre tratamentul rezervat „elementelor indezirabile“ (categorie prin excelență elastică), un alt contemporan al lui Hitler, francezul Alexis Carrel, medic ilustru, laureat al premiului Nobel, recomanda cu nonșalanță camerele de gazare. Hitler a fost ceea ce a fost, el mai întâi, dar a fost și produsul unei mentalități, destul de larg împărtășită.

Germania a intrat așadar în carantină, și pentru multă vreme. Orice mișcare a început să-i fie urmărită cu atenție, să nu reînvie cumva militarismul german și setea de putere (în timp ce lumea și-o împărțeau alții, nu germanii!). Reunificarea din 1990 numai entuziasm nu a stârnit; chiar Franța — devenită, după un lung șir de conflicte, cel mai apropiat aliat al Germaniei, dar neuitând cu totul trecutul — a privit cu reticențe refacerea unității germane. Germanii înșiși, educați în spiritul recunoașterii propriei vinovății (ceea ce este corect), nu îndrăznesc să spună prea multe despre nedreptățile flagrante care li s-au făcut. Dintre acestea, în primul rând, restrângerea spațiului național german prin evacuarea a circa 12 milioane de oameni (trei milioane din Cehoslovacia, opt milioane din teritoriile care au revenit Poloniei, la care se adaugă jumătate de milion din Iugoslavia — întreaga populație germană a Voivodinei, și alte câteva sute de mii din Ungaria și România). Despre soarta „insulelor germane" din Uniunea Sovietică să nu mai vorbim (de altfel, nu singure în discuție; popoare întregi au fost deportate de Stalin, printre care tătarii și cecenii). A fost cea mai mare purificare etnică din istoria Europei, mult superioară prin numărul celor deplasați atât de mediatizatelor purificări recente din Bosnia și Kosovo. Memoria este selectivă, cu atât mai mult când este canalizată politic.

Germania a fost redusă teritorial pentru a i se mai scădea din putere. Evoluțiile recente nu mai privilegiază însă spațiul, ci densitatea de forță umană și tehnologică. Sub acest aspect, Germania „mică" de astăzi (357 000 km²) nu este prea departe de puterea pe care o atinsese marea Germanie (540 000 km²) de la 1900. (În termeni demografici, de remarcat că la 1800 Franța era mai populată decât spațiul german; raportul se inversează de pe la 1850, ajungând 7 la 4 în favoarea Germaniei în preajma primului război mondial; astăzi este cu puțin peste 8 la 6, tot în favoarea ei. Germania se prezintă detașat ca prima putere economică a continentului; Franța, situată în a doua poziție, are un produs intern brut care reprezintă 70% din cel german.) Încep să se audă voci care spun că, din interiorul uniunii europene, și în mod pașnic, prin supremație economică, Germania va fi capabilă să obțină ceea ce nu a reușit din afară, prin război. Cât timp vor mai dura complexele germane? Dar cât timp vor mai dura și complexele altora față de Germania?

Nu numai germanii au remușcări. Și celelalte mari puteri vest-europene și-au făcut autocritica, cel puțin la capitolul colonialismului și rasismului. Doar societatea americană pare atinsă cu totul superficial de asemenea probleme de conștiință. Nici indienii, nici negrii, nici Hiroshima nu afectează buna conștiință a Americii, credința — de tip mesianic — în dreptatea istoriei americane și a modelului american. Este națiunea cea mai sigură de valorile ei și de rolul ei în lume. Și aceasta, nu în mai mică măsură decât puterea efectivă economică și militară, susține și explică dimensiunea actuală a Statelor Unite și procesul în curs de americanizare a planetei.

Principii concurente

Se înțelege că fiecare comunitate națională în parte și lumea în ansamblu sunt mult mai complexe decât imaginea care rezultă din evocarea mitologiilor naționale. Secolul al XIX-lea, epoca de referință a națiunii, a fost și o epocă de pronunțate divizări și confruntări sociale, definind un tablou cu totul opus idealului afirmat de coeziune națională. Națiunea fusese o armă îndreptată împotriva ordinii aristocratice, prin excelență ierarhizată și compartimentată. Dar lumea care a rezultat din acest asalt, lumea burgheză, nu a însemnat câtuși de puțin atenuarea discrepanțelor și inegalităților sociale; într-o primă fază acestea au cunoscut chiar o accentuare (ca urmare a revoluției industriale, acumulărilor de capital, „dezrădăcinării" unor largi categorii). Nobilul era adesea mai aproape de țăranii lui decât capitalistul de muncitori. În toate privințele modernitatea producea diferențieri și noi ierarhii; corpul social devenea tot mai complex și mai greu de strunit. Ceea ce explică, după cum am mai arătat, consolidarea instituțiilor statului și așezarea ideologiei naționale, ca religie a unității, peste diviziunile sociale. Cu cât o societate este mai conflictuală, cu atât este mai înclinată să-și găsească soluții de unitate pe măsura divergențelor.

Burghezul tip al secolului al XIX-lea este o persoană care îi privește foarte de sus pe ceilalți. Are și de ce: condiția lui materială și intelectuală i-o permite, chiar i-o pretinde. Tot mai accentuată în realitate, fisura socială capătă proporții impresionante în imaginar. Cesare Lombroso, teoreticianul „omului criminal", nu se sfia să scrie fraze precum aceasta: „Diferența este foarte mică, uneori nulă, între criminal, omul din popor fără educație și sălbatic." Discriminările sociale își adăugau uneori o tentă biologică, secolul al XIX-lea fiind nu numai secolul națiunii și al istoriei, dar și al evoluționismului și selecției naturale. Datele biologice ale claselor de jos păreau a deveni tot mai defavorabile: mizeria, bolile, alcoolismul loveau fără cruțare în această zonă a societății. H. G. Wells, mergând până la ultimele consecințe ale unei asemenea logici, profetiza bifurcarea omenirii în două specii distincte (ambele la fel de respingătoare!) descendente din bogații și săracii epocii lui. Cam departe de proiectul național!

Nici cei care priveau de jos nu înțelegeau să fie mai tandri. Lupta de clasă este un concept la fel de tipic pentru epoca modernă ca și națiunea. Erau două viziuni paralele și aparent inconciliabile asupra prezentului și viitorului. Proletarii n-au patrie, proclama la 1848 Manifestul Partidului Comunist. Lor nu le rămâne decât să se unească între ei, împotriva asupritorilor. Și nu numai în interiorul fiecărei națiuni, ci la scara întregii planete: „Proletari din toate țările, uniți-vă!" Mișcarea socialistă, instituționalizată nu doar în partide „naționale", dar și prin cele două *Internaționale* succesive (1864 și 1889), a fost, până la primul război mondial, cea mai bine fundamentată teoretic și cea mai amplă alternativă la ideologia „burgheză“ a națiunilor. Violența trebuia canalizată altminteri: nu război, ci revoluție. Socialiștii au anunțat fără echivoc că se vor opune unui război între națiuni (în care asupriții s-ar omorî între ei, vărsându-și sângele spre folosul celor bogați și puternici). Cu atât mai semnificativ a fost deznodământul din 1914. Socialiștii germani și francezi (cele mai puternice partide socialiste din lume, cu reprezentare importantă în parlamentele celor două țări) au votat creditele de război, situându-se fiecare de partea propriei burghezii naționale și împotriva tovarășilor de luptă de altă naționalitate. Națiunea, ca ideal, și poate și mai mult statul național, ca realitate constrângătoare, au triumfat în fața principiului internaționalist. Și acolo unde socialismul a eșuat, ce șansă putea să aibă ideea Statelor Unite ale Europei, conturată de pe la 1900 și susținută de un număr restrâns de entuziaști? (Ea prefigura însă evoluții ulterioare.)

În raportul său cu ideologia națională, comunismul a repetat oarecum traiectoria anterioară a socialismului. El s-a născut din reacția acelor socialiști care nu acceptaseră pactizarea cu dușmanul de clasă și trădarea idealurilor revoluționare. Au urmat revoluția bolșevică din 1917 în Rusia, revoluții eșuate în alte țări, și întemeierea, în 1919, a Internaționalei a III-a (comunistă). Dar internaționalismul proclamat s-a pus repede — și în mod inevitabil — în slujba singurei țări unde revoluția triumfase, și anume Rusia sovietică. La început cel puțin formele au fost păstrate, dar de prin anii '30 s-a dezvoltat un naționalism rus de o rară virulență. Țările intrate apoi în orbita sovietică au îmbrățișat, evident, internaționalismul, ceea ce corespundea atât teoriei cât și intereselor Moscovei. Cu timpul însă comunismul a căpătat peste tot tente naționale, mai mult sau mai puțin pronunțate (cu manifestări extreme în țări precum Albania, România sau Coreea de Nord); chiar o țară ca Republica Democrată Germană, simplă bucată detașată din Germania, a încercat spre sfârșit, în lipsa altor argumente convingătoare, să-și definească o identitate istorică și națională. Eșuând în plan economic, și mai ales în planul materializării iluziilor atât de seducător înfățișate teoretic, comunismul trebuia să mizeze pe ceva pentru a mai avea un sens, pentru a-i ține pe oameni strâns uniți în jurul unui proiect, și nu mai puțin pentru a acoperi răul dinăuntru denunțându-l pe cel din afară, și acel ceva a fost, evident, soluția miracol a epocii moderne: naționalismul. Performanță cu totul remarcabilă: ideea națională a triumfat până și asupra comunismului, cu alte cuvinte asupra celei mai bine structurate și mai ambițioase dintre ideologiile moderne!

Orice ideologie, de altfel, orice religie, orice filozofie prezintă caracter transnațional, vehiculează mesaje care se vor universaliste. Acesta este paradoxul națiunii, care s-a impus peste toate, comprimând nepotrivirile în interior și atenuând în afară criteriile de solidaritate. Și totuși, marile confruntări ale ultimului secol au cuprins o doză crescândă de ideologie, alta decât națională. Primul război mondial a fost efectiv un război între națiuni. Al doilea război a juxtapus însă și a combinat tradiționala înfruntare de tip național cu conflictul dintre principii aspirând la universalitate: democrație, comunism, fascism... O revenire la psihologia cruciadelor, la războiul purtat pentru credință, împotriva celor de altă credință: pentru unii, „cruciada împotriva bolșevismului“, pentru alții, după expresia lui Eisenhower, „cruciada în Europa“ a democraților. Colaboraționiștii din teritoriile ocupate de germani — Franța de la Vichy este un bun exemplu — nu au colaborat doar din lașitate sau din interes; mulți dintre ei au crezut în dreptatea cuceritorului și i s-au alăturat, din ostilitate față de democrație și față de comunism (trădându-și patria, potrivit eticii naționale). La fel au procedat și comuniștii, mergând cu Uniunea Sovietică, indiferent de interesele țării lor. Firește, și Germania, și Italia urmăreau, cât se poate de deschis, obiective pur naționale; chiar Stalin a pus surdină luptei de clasă, pentru a stimula patriotismul rus (și a netezi alianța cu Occidentul). Dar peste toate plana o filozofie, sentimentul că civilizația se află la răscruce și că a venit momentul opțiunii pentru o variantă sau alta de viitor. Cel mai mare măcel al tuturor timpurilor a fost un război filozofic.

După război, națiunile nu și-au mai putut recupera splendida și anarhica lor independență de dinainte. Polarizarea lumii în două blocuri opuse — Occidentul democratic și „lagărul comunist“ — a amplificat forța ideologiilor transnaționale. Pentru prima dată după atâta vreme națiunile trebuiau să asculte de principii aflate mai presus de ele. Cel mai unificator dintre acestea, comunismul, a eșuat însă până la urmă în tentativa de unificare (istoriei îi place uneori să se joace, decizând rezolvări cu totul opuse celor scontate). A eșuat și mișcarea zisă de „nealiniere“ a țărilor din „lumea a treia“ care, începând din anii ’50, și-a propus să prefacă lumea bipolară într-o lume „tripartită“;

lipsite de resurse materiale și de coeziune ideologică, minate de disensiuni de tot felul, în interior și în afară, aceste țări ajung cu greu să-și gestioneze propriile probleme, dar să înfăptuiască o veritabilă coordonare supra-națională! Așa încât, după evaporarea iluziilor, o bună parte a lumii a recăzut în naționalism și în genul de confruntări caracteristice acestuia. Singura detașare semnificativă este a lumii occidentale. Europa Occidentală, plus Statele Unite și Canada, formează, de la război încoace, un complex economic, politic și cultural bine structurat, în care disensiunile minore nu mai au nimic în comun cu dramaticele conflicte de altădată. În acest caz națiunile s-au aliniat unui set de valori comune, proces ușurat fără îndoială de faptul că toate aparțin aceleiași civilizații: civilizația occidentală. Chiar atunci când se delectau vărsându-și sângele, semănau totuși destul de bine între ele, mai mult chiar decât le plăcea să creadă. Acum, aerul lor de familie a devenit și mai pronunțat.

Legăturile transnaționale au fost și sunt de tot felul, la toate nivelurile. Intelectualii Evului Mediu, în Europa catolică și „latină", alcătuiau o „internațională". Încă și mai mult în Europa „franceză" a secolului al XVIII-lea. Multiplicarea domeniilor intelectuale, adâncirea specializării și progresul necontenit al comunicațiilor au stimulat și înmulțit solidaritățile de breaslă peste frontiere care nu au cum să separe preocupări de sine stătătoare în variante naționale distincte. Un paleontolog, să zicem, francez, german sau rus, se identifică mai întâi cu nația lui sau cu comunitatea științifică căreia îi aparține? Este doar un exemplu simplu luat la întâmplare. Identitatea fiecărui individ cuprinde o mulţime de date. Poliţia de frontieră se mulţumeşte cu cele câteva, înscrise în paşaport: numele, data şi locul naşterii, cetăţenia şi trăsăturile fizice, aşa cum apar în fotografie. În fapt, seria elementelor esenţiale care definesc o persoană este mult mai cuprinzătoare. Ea înregistrează mai întâi codul genetic al fiecăruia, care ne face de la bun început să fim altfel decât semenii noştri (altfel, şi în acelaşi timp, totuşi, la fel), apoi multiplele cercuri de sociabilitate în care ne aflăm prinşi: familia, categoria socială, educaţia, profesia... până la naţiune şi, mai departe, la întreaga umanitate. Faptul că, din atâtea condiţionări şi încadrări posibile, s-a desprins la un moment dat una singură, naţiunea, şi s-a aşezat cu mult deasupra celorlalte, este istoriceşte explicabil, dar rămâne nu mai puţin o manieră excesivă de a rezuma nesfârşita şi eterogena realitate a lumii şi a omului într-o unică formulă cu pretenţii de absolut.

Astăzi, încotro?

În materie de mitologie națională, semnalele care se receptează astăzi sunt contradictorii. Ele indică, pe de o parte, o retragere, pe de altă parte, coagularea unor noi națiuni, deloc dispuse să renunțe la partea lor de istorie națională. Ca în atâtea rânduri, Europa se constituie iarăși în laborator. Apusul încearcă soluția postnațională, în timp ce Răsăritul este străbătut de tendințe contradictorii, împărțit între orientarea proeuropeană, reminiscențe imperiale (în spațiul ex-sovietic), manifestări naționaliste, inclusiv constituirea de noi state „naționale", mergând chiar până la războaie cu caracter național (Bosnia, Kosovo, Transnistria, Cecenia). Dar și printre candidatele la Uniunea europeană doza de naționalism este cu siguranță mai mare ca în Occident (cazul României, dar și al Ungariei, al Slovaciei...). În aceste condiții, unitatea Europei, a întregii Europe, nu se va înfăptui prea ușor: cum să susții o construcție pe principii nu tocmai coerente?

De remarcat însă mai întâi evoluția Occidentului. Occidentul a inventat naționalismul. Ca și rasismul. Și tot Occidentul, după al doilea război mondial, a decis că trebuie schimbată direcția cu o sută optzeci de grade. Același Occident privește uimit la excesele naționaliste ale altora, care nu sunt de altă natură, nici mai grave, decât propriile sale excese până în urmă cu câteva decenii.

Ceea ce se petrece în Occident nu este în fond ștergerea sentimentului național, ci echilibrarea lui prin alte valori care nu-i mai sunt subordonate. Dacă înțelegem națiunea ca principiu dominant, fără rival, atunci într-adevăr ne aflăm în plină fază de demolare a edificiilor naționale și de întocmire a unor noi structuri.

Valorizarea individului este unul dintre principiile concurente cele mai caracteristice. Între drepturile omului și îndatoririle lui, accentul cade astăzi, mai apăsat, pe prima parte a acestui ansamblu. A muri pentru patrie a încetat să pară un lucru chiar atât de nobil sau de la sine înțeles. Cu atât mai mult cu cât în numele Patriei (care nu vorbește niciodată!), elita politică, un guvern sau altul, și-au angajat nu o dată națiunile în conflicte care s-au dovedit rău inspirate. Câți tineri francezi au murit „pentru Patrie" în Indochina și în Algeria, câți tineri americani în Vietnam! Astăzi se știe că au murit degeaba. Opinia publică nu mai este dispusă să tolereze un asemenea dispreț pentru individ, asociat cu un cult exagerat pentru o idee abstractă. (A evoluat și strategia elitelor; marile jocuri de astăzi nu mai sunt militare, ci economice, și ele nu cunosc frontiere.) Alegerea lui Bill Clinton ca președinte al Statelor Unite în 1992 a marcat o premieră: candidatul câștigător al cursei pentru Casa Albă se sustrăsese serviciului militar, și chiar în perioada delicată a războiului din Vietnam. Contracandidatul său, președintele în funcție, George Bush, era, dimpotrivă, un erou al războiului din Pacific. Dar laurii câștigați atunci nu i-au mai folosit, și nici laurii mai recenți ai războiului din Golf. America a decis că altele sunt prioritățile; printre ele nu figura, în rândul întâi, eroismul pe câmpul de bătălie. În Franța s-ar putea să se meargă chiar mai departe: primul-ministru Lionel Jospin a lansat ideea reabilitării soldaților francezi executați pentru dezertare sau nesupunere la ordin în timpul primului război mondial. Au fost mulți: ce exemplu mai bun se putea da pentru revigorarea unei armate obosite decât împușcarea sumară a oamenilor? De altfel, asemenea dispute nu-și vor mai avea în curând rostul. Armata inventată de națiune este pe cale să-și încheie misiunea istorică; aducerea tuturor „copiilor patriei“ sub arme lasă locul unei armate de profesioniști. Este una dintre „pierderile“ cele mai simbolice pe care le înregistrează conceptul tradițional de națiune.

Mai sus de individ (nu însă mai presus), dar tot la un nivel mai apropiat de oameni decât abstracta națiune, comunitățile locale, regiunile și minoritățile sunt acum obiectul unui interes crescând. În ritmuri diferite și cu intensități diferite, Europa se regionalizează și se federalizează. Într-o Spanie proclamată „unită și indisolubilă“ ființează șaptesprezece regiuni autonome. Scoția, rămasă în cadrul Marii Britanii, a devenit aproape un stat, cu majoritatea atribuțiilor de rigoare. Belgia s-a federalizat, restructurându-se potrivit celor două comunități lingvistice: flamandă și valonă. Și în Italia sunt autonomii regionale. Chiar Franța, campioana centralismelor de tot felul, a sfârșit prin a reintroduce sistemul regiunilor, abolit de Revoluție și înlocuit cu departamentele, artificial create și dependente direct de guvern; acum cele două structuri coexistă, ceea ce ilustrează o descentralizare moderată, remarcabilă însă pentru o Franță atâta vreme reticentă față de orice diminuare a funcției conducătoare a Parisului. Cât despre minorități, până nu de mult atașate proiectelor naționale respective și devenite aproape invizibile, problematica lor a început să capete contur, diversitate și adesea un grad de urgență. Unele au atins gradul de recunoaștere al unor adevărate națiuni: Scoția sau Catalonia, de pildă. Sunt și confruntări violente: în Țara Bascilor sau în Irlanda de Nord. Nici în Franța, țara maximei omogenizări, culturile tradiționale nu s-au destrămat cu totul. Corsica — zona minoritară cea mai puțin erodată — este pe cale de a obține un anume grad de autonomie. Ceilalți — bretoni, basci, catalani, provensali — manifestă mai curând o nostalgie folclorico-lingvistică, susceptibilă în fond de a îmbogăți și diversifica ansamblul francez (nelipsind nici acțiunile mai radicale ale unor autonomiști totuși relativ izolați). Peste toate, se constată o schimbare de mentalitate, voinței asimilatoare succedându-i tentația autenticității culturilor locale. Se conturează, de altfel, ca reacție la globalizarea în curs, ca și față de primejdiile unei civilizații tehnologice ruptă de natură și poluată — în acord în această privință cu actuala sensibilitate ecologică —, o nouă mitologie, a entităților mici, la scară umană, capabile să armonizeze tradiția cu modernitatea.

Minorităților autohtone li s-a adăugat, mai ales în ultimele decenii, un nou tip de minorități. Sunt valurile de imigranți. Asimilarea lor se anunță cu atât mai dificilă cu cât, mai ales în cazul celor veniți din Asia și Africa, deosebirile culturale, inclusiv religioase, sunt un obstacol greu de depășit. În Germania trăiau în preajma anului 2000 peste două milioane de turci, 1 300 000 de iugoslavi și aproape 300 000 de polonezi. Franța, potrivit datelor din 1990, număra 3 600 000 de străini, la care se adăugau aproape 1 800 000 de francezi naturalizați, cu alte cuvinte peste 5 milioane de persoane de origini diverse, cam o zecime din populația țării (dintre aceștia un mare număr de islamici din Africa de Nord: în prezent circa 1 400 000 de algerieni, marocani și tunisieni, înregistrați ca străini, pe lângă cei deveniți între timp cetățeni francezi). Un asemenea amalgam etnic și cultural pune într-o lumină aproape ironică efortul de omogenizare națională, căruia i s-au consacrat atâtea generații. Și tendința se accentuează, stimulată pe de o parte de declinul demografic și de bogăția Occidentului, pe de altă parte de expansiunea demografică și de sărăcia celei mai mari părți a planetei. Este cel mai mare amestec etnic și cultural care se petrece în Occident după căderea Imperiului Roman.

În ansamblu, societatea de astăzi, supusă unor teribile presiuni uniformizatoare, nu din partea ideologiei naționale, ci a vieții moderne în genere, cu tot arsenalul ei standardizat de tehnologii și comportamente, tinde să promoveze pe cât posibil individualitatea de grup. Până la urmă, orice comunitate este alcătuită numai din „minorități". Nici un individ și nici un grup nu sunt îndreptățiți să vorbească în numele tuturor. Procesul mondial de globalizare și tendința compensatoare de marcare a distincțiilor în interiorul fiecărei comunități erodează, ambele, în egală măsură, fortificațiile, cândva aparent inexpugnabile, ale citadelei naționale.

Deasupra acestor noi realităţi şi mituri, se află, fireşte, Europa, proiectul unificării europene. Ritmul construcţiei îi poate dezamăgi pe entuziaşti, dar nu confirmă nici previziunile sceptice. Încetul cu încetul, Uniunea Europeană progresează. Ea dispune deja de o putere executivă şi de un parlament (unde, semnificativ, deputaţii nu se grupează pe naţionalităţi, ci potrivit familiilor politice), cu atribuţii limitate, însă în curs de extindere. Majoritatea alegătorilor din ţările membre se pronunţă chiar pentru adoptarea unei constituţii europene, pentru o armată europeană şi pentru alegerea unui preşedinte al Europei prin vot direct. Dar pasul cu adevărat decisiv a fost abandonarea monedelor naţionale în favoarea monedei unice europene, „euro". Importanţa economico-financiară a acestei revoluţii monetare este cât se poate de evidentă, dar nu mai puţin impactul său simbolic. Drapelul şi moneda sunt cele două simboluri ale oricărei naţiuni moderne. Germania fără marcă, Franţa fără franc sau Anglia fără lira sterlină (însă englezii nu au aderat încă la proiect) nu mai sunt întru totul Germania, Franţa şi Anglia. Se declanşează astfel o evoluţie, care poate fi ireversibilă, spre depăşirea faptului naţional.

Pe de altă parte, nimeni nu are cum să prevadă forma finală a construcţiei, nici ritmul efectiv al împlinirii ei. Va fi o Europă de naţiuni sau Europa va sfârşi prin a asimila naţiunile, devenind ea însăşi o mare naţiune, aşa cum sunt Statele Unite ale Americii? Un sondaj efectuat în preziua alegerilor pentru parlamentul european din iunie 1999 dă următoarele date cu privire la opţiunile exprimate în ţările cu cea mai mare pondere ale uniunii.

Pentru o Europă federală se pronunță 28% dintre francezi, în timp ce 56% preferă o Europă a statelor; în Germania cele două opțiuni beneficiază de același procent, 45%; Italia înclină spre soluția federală, cu 41%, pentru menținerea statelor pronunțându-se 31%; în Anglia, în schimb, doar 23% agreează Europa federală, în timp ce 57% susțin varianta confederației de state; în sfârșit, belgienii optează pentru soluția federală, cu 38% contra 35%.[1]

Orientările diferite nu sunt o surpriză. Campioana federalismului este Italia, țară care nu și-a uitat tradițiile particulariste și unde statul național și instituțiile sale nu s-au bucurat niciodată de prea multă considerație. Este secondată de Belgia, stat recent federalizat și al cărui viitor se anunță incert. La germani funcționează în egală măsură sentimentul unității, dar și al diversității spațiului german (exprimat în structurile federale), ca și conștiința că, într-o variantă sau alta, Germania va juca, prin ponderea ei, rolul principal. Francezii, se înțelege, țin la statul lor, cel mai vechi și mai solid dintre statele continentului, iar britanicii își păstrează privirea insulară asupra unei Europe la care nu participă decât pe jumătate (sunt și singurii care se pronunță contra unei constituții europene și contra unei armate europene). În ansamblu, predomină conceptul unei Europe de state, în care națiunile urmează să-și continue o existență diminuată, dar totuși efectivă. Dar nici scorul Europei federale nu este neglijabil, soluția aceasta păstrându-și șansele de viitor; s-ar

[1] Datele sondajului, în revista *L'Express*, 10–16 iunie 1999, pp. 44–45.

menține, firește, spații lingvistice și culturale distincte, dar cu greu s-ar mai putea vorbi de națiuni. Europa ar deveni o mare Elveție.

Schimbând ce-i de schimbat (iar deosebirile, firește, sunt esențiale), noua construcție europeană ne duce cu gândul la faza prenațională a istoriei. Europa dinaintea națiunilor era un spațiu extrem de fragmentat, dar și unificat în jurul unor principii politice și spirituale comune: Imperiul (așa cum era el, mai mult ficțiune decât realitate), creștinătatea, ca ferment spiritual, limba latină, ca instrument de comunicare a elitelor. Era un spațiu divizat prin nenumărate frontiere și totuși fără frontiere. Apoi a venit Națiunea care a simplificat lucrurile, ștergându-și frontierele interne și adâncindu-le pe cele exterioare. Se pare că revenim acum la sistemul complex al unei lumi în egală măsură unificată și fragmentată.

Altfel stau lucrurile în unele zone ale Europei de Est, unde dezmembrarea Uniunii Sovietice și, la scară mai mică, dar cu violență sporită, a Iugoslaviei a dat naștere la o mișcare haotică din care se desprind națiuni mai mari sau mai mici, unele minuscule, altele doar potențiale, și state naționale cu contururi nesigure. Ce poate însemna o națiune bosniacă? Dar una moldovenească? Sau, cine știe, una „transnistreană“? Unele soluții se vor confirma, altele nu fac decât să alimenteze starea de instabilitate. În majoritatea cazurilor este greu de spus cine are dreptate, fiindcă „dreptățile“ se suprapun și se exclud reciproc. Ajungem iar la paradoxul națiunii: chiar acceptând conceptul abstract, constatăm că nu există un criteriu unic de decupare, o hartă acceptabilă pentru toată lumea. Albanezii, net majoritari în Kosovo, sunt în dreptul lor să pretindă detașarea de Serbia. Dar atunci și Serbia poate să revendice cu aceeași îndreptățire teritoriile sârbești care au rămas înglobate în Bosnia și în Croația. În principiu, responsabilii politici din întreaga lume se pronunță împotriva modificării frontierelor (a sistemului de la Versailles, amendat la sfârșitul celui de-al doilea război mondial). Este un punct de vedere rezonabil, dat fiind că prima mișcare de acest fel ar declanșa o avalanșă de pretenții, justificate sau mai puțin justificate. Ceea ce nu înseamnă însă că actualul sistem este fără cusur. Dacă el nu lasă loc unui stat kurd — pentru a alege un singur exemplu din multe posibile —, să fie acest popor condamnat pe vecie să trăiască împărțit între mai multe state? Sistemele politice sunt conservatoare și așa și trebuie să fie, fiindcă altminteri am trăi într-o lume fluidă și nesigură. Dar contradicția dintre exigențele sistemului și revendicările care se acumulează reprezintă o sursă permanentă și periculoasă de tensiuni și de conflicte. Soluția cea mai bună la ora actuală pare a fi cea experimentată în Europa occidentală: unitate supranațională, ștergerea frontierelor, regionalizare... Într-o asemenea mare structură, fără ziduri interioare (unde „minoritățile" vor comunica fără restricții cu nucleele naționale corespunzătoare), conceptul însuși de minoritate va dispărea, fiindcă nimeni nu va mai fi majoritar. Europa mizează pe multiculturalism și este astfel pe cale să devină un continent al minorităților. Dar ne aflăm deocamdată în fața unui proiect ideal, iar experimentul se limitează la o parte a Europei.

Paradoxul este că nici naționalismul pur și dur nu mai pare capabil să-și asigure propriile obiective. Dimpotrivă, stimulează disensiunile și accentuează riscurile dezmembrării. În regiunile încă dominate de ideologia națională, contradicțiile și înfruntările iau tot mai mult o turnură etnică, chiar tribală, susceptibilă de a arunca în aer state-națiuni, concepute formal după modelul occidental, dar în fapt extrem de compozite (Balcanii, Africa Neagră...). Logica naționalismelor conduce astăzi spre o lume tot mai fărâmițată și mai conflictuală. Prin excesele ei, ea pledează în fond — ca unică soluție rațională — pentru depășirea divizărilor și confruntărilor de tip național.

Cazul Africii este instructiv, fiindcă, după cum am văzut, aici ne aflăm în fața unei aplicări extreme, mai artificială ca oriunde, a conceptului european de națiune. Și aici, ca și în Europa, sunt trei mari niveluri: viața locală, națiunea și continentul. Spre deosebire însă de Europa, unde idealul național s-a materializat la un moment dat, în mod convingător, în Africa, deși în grade diferite, se poate vorbi de un insucces. Națiunile n-au reușit să coaguleze cu adevărat imensa varietate etnică și tribală. Dimpotrivă, prin dominația unora asupra altora, n-au făcut decât să amplifice diferendele care, în atâtea rânduri, au degenerat în masacre și războaie civile. Depășirea ideologiei naționale este și în Africa la ordinea zilei, doar că aici contextul se prezintă mult mai tulbure decât în Europa. Nivelul local este excesiv de fărâmițat. Regionalizarea Africii nu ar fi același lucru cu regionalizarea Europei: ar risca să ducă mai curând la anarhie decât la echilibru. Pe de altă parte, la nivelul de sus, idealul panafrican, susținut cu atâta ardoare, de câteva decenii încoace, de intelectuali și de lideri politici, nu are nici pe departe coerența proiectului european. În sens pur material este minat de sărăcie și de dificultățile interne ale țărilor respective. Dar și mai profund, în sens cultural, Africa Neagră, dincolo de argumentul rasial, nu înseamnă o unitate de civilizație, așa cum totuși este, în ciuda atâtor divergențe și diferențe, Europa. Există o „comunitate europeană“ schițată încă din Antichitate, cu siguranță din Evul Mediu, pe când unitatea umană a Africii este recentă, rezultată din acțiunea unificatoare a colonialismului. Pentru Africa poate că soluția cea mai bună rămâne, totuși, națiunea! Cu condiția ca aceasta să devină credibilă și funcțională, ceea ce nu este deloc sigur. (Nu numai în Africa, ci pretutindeni, sărăcia constituie un factor agravant. Nu ea creează disensiuni etnice, dar cu siguranță că le întreține și le amplifică.)

Într-o lume atât de diversă și cu evoluții atât de contradictorii, acționează totuși principii de unitate — mai puternice și mai active ca oricând — la scară mondială. Grație comunicațiilor moderne lumea a devenit mică. Se stabilesc legături strânse între oameni aflați la mii de kilometri distanță. Spațiul își pierde din semnificație, încă un punct pierdut pentru identitatea națională, bine delimitată teritorial. Se fac primii pași spre ceea ce va deveni, poate, o civilizație planetară. Economia se mondializează, nu mai cunoaște frontiere. Reperele tehnologice și culturale comune s-au înmulțit. Când și dacă se vor generaliza, vom fi toți o națiune! Greu de spus dacă o asemenea ipoteză este utopică sau realistă, îmbucurătoare sau înfricoşătoare. Procesul de mondializare poartă, indiscutabil, amprenta Americii. Tehnologia de vârf americană cucereşte lumea şi, o dată cu ea, şi limba engleză. Cert este că o limbă comună devine indispensabilă, în stadiul actual de apropiere şi de întrepătrundere. Cu mai bine de un secol în urmă, Zamenhof prevăzuse această necesitate şi inventase o limbă pentru toată lumea: esperanto (în 1887). Soluţia lui nu a prins şi nici nu mai are cum să prindă, fiindcă „esperanto“ care se vorbeşte astăzi în întreaga lume este engleza. Este un succes atât de masiv încât lasă cu mult în urmă greaca antică, latina medievală şi franceza secolului al XVIII-lea. Acestea acopereau un spaţiu limitat de civilizaţie şi se adresau segmentului de asemenea limitat al unei elite. Pentru prima dată în istoria omenirii, o limbă anume, engleza, se vorbeşte pe întreg globul şi pătrunde sensibil şi sub nivelul elitelor. Înrădăcinarea ei este cu atât mai sigură cu cât se prinde strâns de tehnologiile moderne de investigare şi de comunicare: limbajul informaticii, internetul... Limba Europei, a „Statelor Unite ale Europei“ (limba oficială, de cultură, de comunicare) tinde să devină tot engleza, evident nu datorită Angliei, care are o poziţie periferică în acest proiect; franceza, germana devin limbi de categoria a doua, în ciuda strălucitei lor cariere. O dată cu limba, lumea a receptat şi tot felul de valori culturale americane, inclusiv din zona culturii populare, semn al unei pătrunderi masive şi probabil durabile. Filmul american, muzica americană, coca-cola, restaurantele McDonald's ... sunt manifestări şi simboluri ale unui tip de civilizaţie care a invadat globul. Nu ştim unde se va ajunge, fiindcă acest proces naşte şi reacţii pe măsură. Pe de o parte el tinde spre o unificare a lumii, în spiritul unei culturi dominante, pe de altă parte stimulează naționalismele și, în genere, afirmarea identităților culturale proprii.

Lumea este prinsă într-un joc, al unității și al dezbinării. Întotdeauna a fost așa, cu actori diferiți și pe scene diferite. Acum scena s-a extins la întreaga planetă, și toți suntem implicați, ca actori și ca spectatori totodată. Din modul cum se vor înfrunta și îmbina principiile contrare, va rezulta un viitor sau altul.

Concluzii: despre părțile mai bune ale națiunii și unele considerații despre viitor

Din tot ce am spus se conturează o imagine nu prea avantajoasă a națiunii. Este națiunea privită de astăzi, și, mai precis, din punctul de observație al marii uzine de ideologii care este Occidentul. Este, se înțelege, și privirea proprie a autorului. M-am lăsat cu siguranță atras de latura ironică, perversă chiar, a unei istorii care știe atât de bine să prefacă mirajele seducătoare în realități de coșmar. Istoria recentă este în bună măsură reluarea la scară mare a poveștii lui Frankenstein: proiecte generoase și aparent impecabil întemeiate scapă de sub control și conduc acolo unde nici nu te aștepți. Ar trebui din când în când să fie admonestați și filozofii, nu numai executanții politici și militari. Pe de altă parte nici vorbă nu poate fi de a extirpa funcția specific umană a imaginarului. Se desfășoară, dintotdeauna, un joc, aproape incontrolabil, al plăsmuirilor și materializărilor. Am încercat, de data aceasta referindu-mă la națiune, să atrag atenția asupra potențialului exploziv al acestui joc.

În fapt însă, națiunea poate fi la fel de bine depreciată sau apărată. În istorie, demonstrațiile se pot întoarce, fiindcă istoria înseamnă judecată, înseamnă evaluare, cu alte cuvinte căutarea unor sensuri care nu sunt date, ci izvorăsc dintr-o diversitate de opțiuni. Adesea, un tip de argumentație și contrariul său se prind la fel de bine fiecare în propria-i logică. Istoria — nu istoria reală, ci istoria ca reprezentare — este un nesfârșit proces în care, cu totul firesc, acuzatorii, avocații și judecătorii susțin puncte de vedere distincte și chiar opuse (mai mult chiar, în cazul istoriei, nimeni nu are calitatea de a da sentințe).

Așa încât, ca în orice mare problemă istorică, nu este greu să întoarcem argumentele și să schițăm un tablou mult mai convenabil ideologiei naționale. Fără a relua totul punct cu punct, iată câteva considerații, susceptibile să amelioreze o imagine, astăzi, nu tocmai strălucitoare.

Mai întâi, cu greu am putea concepe altceva decât națiunea, pentru perioada istorică în care aceasta a jucat rolul principal. Modernitatea o pretindea. Într-o lume care nu mai putea fi ținută în tiparul mărunt al structurilor tradiționale, dar nu avea cum să se lanseze nici în soluții mai ample de unitate, de tip continental sau planetar, națiunea și-a avut momentul ei, partea ei de istorie. Putem să o raportăm la o multitudine de factori care au pregătit-o sau au servit-o. La căile ferate, de pildă, care au structurat spații economico-politice până atunci destul de vag conturate. O națiune, printre multele determinări și trăsături, este și o rețea de căi ferate. Din acest unghi, îngust, dar legitim, aș fi tentat să spun că structurile precedând națiunea corespund unor mijloace de comunicare lente și anevoioase, în timp ce națiunea se încadrează cronologic epocii căilor ferate, iar postnaționalismul, legat de actualul proces de mondializare, internetului. Asemenea unghiuri de analiză pot fi multiplicate și, toate laolaltă, sugerează concluzia inevitabilității faptului național. Și atunci, de ce atâta zarvă?

Apoi, nu este sigur că relele care se impută națiunii, cu deosebire intoleranța și întreținerea unor stări conflictuale, nu s-ar fi manifestat și altminteri, cum s-au manifestat dintotdeauna, de când există omul și societatea. Națiunea le-a oferit mai curând o justificare, un alibi. Desigur, oamenii se omoară și pentru idei, dar mai adesea ideile ascund strategii de putere. Ele sunt doar învelișul care dă un aspect mai nobil unor manifestări instinctuale și unor interese foarte concrete. Pentru toate derapajele, nu națiunea ar trebui pusă în cauză, ci omul în genere, și un anume tip de societate și de cultură, o anume fază a istoriei în particular. Națiunea nu putea fi mai bună decât oamenii care au făcut-o.

Și ce am fi avut în loc? Este atât de fascinantă lumea dinaintea națiunilor, o lume a structurilor imperiale, a imobilismului social și politic, a unui joc elegant dar steril practicat de o elită restrânsă, atrasă doar de farmecul puterii și de propriile-i privilegii? Sau poate, cine știe, lumea utopică, pe care ne-o rezervă eventual viitorul, a unei planete unificate în care oamenii ar deveni tot mai asemănători? Soluția cea mai bună pare de departe o lume alcătuită din comunități distincte, fiecare cu fondul său de valori, și din indivizi liberi, înaintând împreună, în armonie, spre viitor. De-a dreptul idilic! Acesta a fost însă proiectul național! Și atunci, nu abolirea lui, ci ameliorarea funcționării sale, ar fi obiectivul demn de urmărit.

De altfel, tentația tipic umană este de a vedea mai ușor răul decât binele. Cel dintâi ne afectează direct, celălalt ni se pare firesc și meritat. Pe lângă păcate, națiunea a avut totuși și împliniri. Ideea egalității dintre oameni, a abolirii privilegiilor, a făcut corp comun cu proiectul național; desigur, ca și în cazul națiunii, reușita a fost relativă și discutabilă în mai multe privințe, dar progresul, în ansamblu, nu poate fi contestat. Trăim astăzi într-o lume nedreaptă, totuși ceva mai dreaptă și mai deschisă șanselor individuale decât lumea secolului al XVIII-lea. Apoi, atâtea comunități — și este poate meritul principal al ideologiei naționale — au intrat în istorie, și-au făcut auzită vocea distinctă. O multitudine de culturi, care altminteri s-ar fi menținut la un nivel folcloric, cu totul secundar, aproape invizibil, au ocupat un loc în cadrul larg al civilizației mondiale. Fiecare a avut și are de spus câte ceva în felul său specific. Națiunile au îmbogățit omenirea. Fără ele, lumea ar fi fost infinit mai săracă.

Punctul crucial al discuției îl reprezintă însă nu atât trecutul, cât prezentul și viitorul. În ce privește un timp apropiat, națiunea își păstrează încă atuuri incontestabile. Chiar occidentalii, după cum am văzut, cei mai avansați în „postnaționalism“, pledează totuși, în majoritate, pentru o Europă a statelor, deci a națiunilor. Națiuni „atenuate“, prin extirparea factorilor susceptibili de a genera intoleranță și conflict, dar totuși națiuni distincte. Europa este încă un ideal, națiunea o prezență efectivă. Sunt mai multe repere naționale în care individul și diversele comunități se pot recunoaște decât repere europene. Chiar ultimul sondaj la care m-am referit arăta că, votând pentru Europa, alegătorii aveau de fapt în minte problemele propriei lor țări. Să mai privim o dată și bancnotele. Bancnotele naționale au dispărut. Punct câștigat pentru Europa. Dar parcă bancnotelor europene le lipsește ceva. Într-adevăr, nici un chip, nici o scenă istorică, doar motive arhitectonice oarecum abstracte. Fiecare națiune apela la marii săi oameni, pentru a marca și mai puternic sensul simbolic și identitar al monedei naționale. Se pare însă că în cazul Europei nici operația, aparent simplă, a alegerii câtorva mari europeni nu a reușit. Europa nu are încă Panteon, nici veritabilă istorie (în măsura în care le are, sunt doar juxtapuneri naționale, nu valori sau reprezentări general europene). Cu alte cuvinte, în sens istoric și cultural, Europa nu există decât prin națiunile ei. Fuziunea acestora nu se va petrece chiar mâine.

O dată justificată și apărată națiunea, ne putem întreba, totuși, ce va fi în viitor (lăsând la o parte viitorul proxim, către care putem prelungi cu ușurință, și cu mai puține riscuri de eroare, liniile prezentului). Cel mai onest răspuns este că nu știm, nu putem ști. Istoricul nu are nici o calificare să vorbească despre viitor. De fapt nimeni nu are această calificare. Cu toții investim în viitor, firește. Altminteri nu am gândi nimic de anvergură și nu am mai întreprinde nimic. Dar ce vor da proiectele noastre rămâne ca viitorul să decidă. Istoria previziunilor de acest gen, de la cele mai naive până la cele care se doresc întemeiate științific (a apărut chiar o știință numită „futurologie"), dovedește cu prisosință că viitorul se încăpățânează să fie mereu altfel de cum ni-l imaginăm (deși se mai întâmplă, este drept, dată fiind mulțimea ipotezelor, ca unele, din întâmplare, să se potrivească). Oricum, o lume atât de preocupată de viitor s-a lăsat cam prea des luată prin surprindere de evenimente care astăzi ni se par cât se poate de logice și previzibile pe termen scurt (dar nimic nu este mai simplu decât să prevezi viitorul după ce a avut loc, devenind trecut!). În 1973 întreaga economie mondială s-a dereglat din cauza șocului petrolier (ridicarea bruscă a prețului de către țările producătoare), venit ca din senin, într-o atmosferă care nu stârnea nici un fel de îngrijorări. În 1989 s-a prăbușit sistemul comunist; astăzi toată lumea spune că trebuia să se prăbușească, dar nimeni nu părea preocupat de așa ceva cu numai câteva luni înainte! Iar 11 septembrie 2001 a picat ca un fulger din cer senin!

Și totuși, mă simt obligat să-mi asum riscul propriilor opinii. Dacă actualele tendințe se precizează, mi se pare că suntem pe cale — cel puțin în Europa — să ieșim din era națiunilor. Se va păstra, firește, o întreagă moștenire, așa cum am moștenit din toate epocile succesive ale istoriei. Vom continua să trăim într-un cadru care va purta multă vreme însemnele unei culturi naționale și ale unei identități culturale și istorice. Sfârșitul națiunii nu înseamnă sfârșitul elementelor sale constitutive (multe dintre acestea venind de departe, dintr-o epocă anterioară Națiunii: etnie, limbă, religie, fără a mai vorbi de acele trăsături aproape de nedefinit, însă cât se poate de sensibile: marca spirituală a unei comunități). Dar va veni vremea când aceste elemente nu vor mai alcătui un ansamblu rigid și exclusiv, strict delimitat de „ceilalți“, și transfigurat într-un fel de religie. De altfel, chiar logica conflictuală, încă prezentă într-o bună parte a lumii — ca și la scara întregii planete — pare tot mai puțin aliniată modelului național exclusiv. În orice caz, s-a diversificat considerabil.

Sunt tendințe centrifuge ale minorităților, înfruntări religioase, acțiuni teroriste provocate de grupuri restrânse, disensiuni între bogații și săracii lumii, conflicte între civilizații... Nici unitatea, nici dezbinarea nu mai joacă în principal cartea națiunii.

Și atunci, națiunea, în sensul strict al cuvântului, nu va fi fost decât o etapă pe lungul drum al omenirii.

Notă bibliografică

Un eseu este altceva decât un manual sau o lucrare de erudiție. Ceea ce interesează în primul rând sunt ideile autorului și mai puțin trecerea în revistă a ideilor altora. De aceea, o bibliografie extinsă și sistematică nu mi s-a părut necesară; oricum, ea nu ar fi ilustrat demersul specific acestei lucrări.

Mă limitez așadar la consemnarea câtorva titluri, care au contribuit în mai mare măsură la limpezirea propriilor idei și care ar putea oferi și cititorului acele dezvoltări și detalii care nu și-au găsit locul în imaginea sintetică și oarecum abstractă propusă de eseul meu.

Mai întâi, o foarte lămuritoare trecere în revistă a principalelor teorii despre națiune, din secolul al XIX-lea și până în prezent: Anthony D. Smith, „Nationalism and the Historians“, în *Ethnicity and Nationalism* (edited by Anthony D. Smith), E. J. Brill, Leiden, New York, Köln, 1992, pp. 58–80 (cuprinde și o detaliată bibliografie).

Anthony D. Smith este susținătorul teoriei originii etnice a națiunilor: *The Ethnic Origins of Nations*, Blackwell, Oxford, 1986, punct de vedere combătut de Dominique Schnapper, în favoarea sensului contractual al comunităților naționale: *La communauté des citoyens. Sur l'idée moderne de nation*, Gallimard, Paris, 1994.

Dimensiunea imaginară a faptului național și caracterul voit al construcției sunt puse în evidență în lucrarea deja clasică a lui Benedict Anderson: *Imagined Communities. Reflections on the Origin and Spread of Nationalism*, Verso Editions and New Left Books, Londra, 1983 (cu un accent deosebit asupra cărții și presei ca mijloace de creare a unui spațiu imaginar comun).

Anne-Marie Thiesse, *La création des identités nationales (Europe XVIIIe–XXe siècle)*, Editions du Seuil, Paris, 1999, înregistrează o multitudine de aspecte ale reelaborărilor culturale și politice înfăptuite în spiritul ideologiilor naționale: „inventarea“ folclorului, unificarea limbilor, rescrierea istoriei, statul, educația ...

În sfârșit, raportul națiune-limbă, cu insistență asupra constituirii „limbilor standard“ corespunzătoare alcătuirilor naționale, face obiectul lucrării lui Daniel Baggioni, *Langues et nations en Europe*, Payot, Paris, 1997.

Cuprins

LUCIAN
BOIA
ISTORIE ŞI MIT
ÎN CONŞTIINŢA
ROMÂNEASCĂ
seriile de Autor
HUMANITAS

Lucian Boia
Capcanele istorie
Humanitas, 2011
360 pp., 13 x 20 cm
ISBN: 978-973-50-3196-1